LUTHERS REFORMATION VOLLENDEN

LUTHERS REFORMATION VOLLENDEN

David Pawson

Anchor Recordings

Copyright © 2022 David Pawson Ministry CIO

Luthers Reformation vollenden
Titel der Originalausgabe: Completing Luther's Reformation

David Pawson ist gemäß dem Copyright, Designs and Patents Act 1988 der Urheber dieses Werkes.

Alle Rechte vorbehalten.

Herausgeber der deutschen Ausgabe 2022 in Großbritannien: Anchor, ein Handelsname von David Pawson Publishing Ltd. Synegis House, 21 Crockhamwell Road, Woodley, Reading RG5 3LE UK

Dieses Werk ist urheberrechtlich geschützt. Ohne vorherige schriftliche Genehmigung des Verlages darf kein Teil dieses Buches in irgendeiner Form vervielfältigt oder weitergegeben werden. Das betrifft auch die elektronische oder mechanische Vervielfältigung und Weitergabe, einschließlich Fotokopien, Aufzeichnungen und Systemen zur Informations- und Datenspeicherung und deren Wiedergewinnung.

Die Bibelzitate wurden, soweit nicht anders angegeben, der Lutherbibel, revidiert 2017, © 2016 Deutsche Bibelgesellschaft, Stuttgart entnommen sowie der Bibelübersetzung Hoffnung für Alle® (Hope for All)© 1983,1996, 2002, 2009, 2015 by Biblica, Inc.® mit freundlicher Genehmigung des Herausgebers Fontis (HfA), der Neue evangelistische Übersetzung © by Karl-Heinz Vanheiden(NeÜ) und der Elberfelder Bibel 2006, © 2006 by SCM R.Brockhaus in der SCM Verlagsgruppe GmbH, Witten/Holzgerlingen (ELB).
Übersetzung aus dem Englischen: Lisa Schmid, Ditzingen

Weitere Titel von David Pawson, einschließlich DVDs und CDs:
www.davidpawson.com

KOSTENLOSE DOWNLOADS:
www.davidpawson.org

Weitere Informationen:
info@davidpawsonministry.org

ISBN 978-1-913472-49-8

Gedruckt von Ingram Spark

Inhalt

VORBEMERKUNG	6
ERWECKUNG ODER REFORMATION?	7
KIRCHE UND STAAT	37
GEISTLICHER DIENST	61
SONSTIGES	91

Grundlage dieses Büchleins ist eine Reihe mündlicher Vorträge. Vielen Lesern wird daher der Unterschied zu meinem gewöhnlichen Schreibstil auffallen. Das soll sie jedoch, wie ich hoffe, nicht vom Inhalt meiner biblischen Erörterung ablenken.

Wie immer bitte ich meine Leser, alles, was ich sage oder schreibe, mit dem biblischen Text zu vergleichen. Wenn sie irgendwo einen Widerspruch entdecken, fordere ich sie hiermit auf, sich am klaren Wortlaut der Bibel zu orientieren.

David Pawson

ERWECKUNG ODER REFORMATION?

Ich bin auf das Thema *Luthers Reformation im 21. Jahrhundert vollenden* gekommen, als mir Skandinavien ein besonderes Herzensanliegen war. Zu dieser Zeit besuchte ich Finnland und Norwegen und fragte mich: „Was ist das größte Bedürfnis der Kirche in Skandinavien?" Darauf gibt es zwei mögliche Antworten. Eine lautet *Erweckung*, die andere *Reformation*. Das führt uns zu einer grundsätzlichen Frage: Wofür sollen wir in Ländern beten, in denen sich die christliche Gemeinde auf dem absteigenden Ast befindet, und was können wir dagegen tun? Ich habe herausgefunden, dass sich die Christen in zwei Hauptgruppen einteilen lassen: In Menschen, die darauf warten, dass Gott etwas an der Situation ändert, und in Menschen, die glauben, dass Gott darauf wartet, dass *wir* etwas tun. Wir sehen hier zwei sehr unterschiedliche Herangehensweisen an die aktuelle Lage, die in gewisser Weise aus Verzweiflung geboren sind, während wir unseren abnehmenden Einfluss auf die Gesellschaft betrachten. Ich möchte meine Position von Anfang an klarstellen. Ich stehe auf der Seite der *Reformation*. Ich glaube, Gott wartet darauf, dass *wir* etwas tun. Das mag zur Erweckung führen oder auch nicht. Die beiden können zusammenhängen, doch wenn dies der Fall ist, glaube ich, dass Reformation vorrangig ist.

Ich nahm einmal an einem Gebetstreffen für Erweckung

in England teil. Drei Stunden lang beteten die Teilnehmer, dass Gott etwas tun möge. Dann stand plötzlich ein Junge im Teenageralter auf und gab ein prophetisches Wort weiter. Ich werde es nie vergessen. Dieser schüchterne Junge, über den ich später erfuhr, dass er sehr zurückhaltend und nicht die Art von Mensch war, der seine Stimme erheben und seine Ältesten korrigieren würde, stand einfach auf und sagte mit durchdringender Stimme: „So spricht der Herr: ‚Ich werde nicht erwecken, was ich nicht gebaut habe.'" Dann setzte er sich wieder. Es veränderte das gesamte Treffen; diese Prophetie wurde mit einer so großen geistlichen Autorität weitergegeben. Sie traf wirklich ins Schwarze. Uns wurde bewusst, dass wir Gott in Wirklichkeit darum baten, das zu erwecken, was *wir* aufgebaut hatten.

Gott sagte uns, dass er nicht erwecken würde, was er nicht gebaut hatte; und ich kann mich folgender Glaubenswahrheit nicht verschließen: Da die Kirche den Geboten Gottes bewusst ungehorsam ist und in so vielen Bereichen Kompromisse gemacht hat, sieht Gott keinen Grund, Gebete zu beantworten, diese Kirche zu erwecken. Das ist mein Problem. Die Lage unserer Nation ist von der Situation der Kirche abhängig, und wir müssen für das Verantwortung übernehmen, was in unserem Umfeld geschieht. Wir sollten Salz und Licht sein, doch wir müssen anerkennen, dass wir diesem Ideal nicht genügt haben; wir haben das Wort Gottes bereits in so vielerlei Weise verwässert, dass es schon fast unverschämt ist, den Herrn zu bitten, uns zu erwecken.

Das ist meine Überzeugung, und meine Worte beziehen sich besonders auf Länder mit einer Staatskirche. Damit meine ich also den Großteil Nordeuropas. Unsere Anglikanische Kirche verliert aktuell 1000 Menschen pro Woche. Einen derartigen Exodus kann sich die Kirche nicht leisten. Es geht nicht nur um den quantitativen Verlust bei den Mitgliederzahlen, sondern auch um den qualitativen.

ERWECKUNG ODER REFORMATION?

In England und in Norwegen befinden wir uns in derselben Krise – in Fragen der Eheschließung von Homosexuellen und allen möglichen anderen Fragen, bei denen die Kirche leider die Gesellschaft nicht aufwärts führt, sondern der Gesellschaft auf ihrem Weg abwärts folgt, nur zirka 15 Jahre später. Wir gelten also als Menschen, die auf ihrem Weg der Welt hinterhertrödeln und nach und nach ihre Standards akzeptieren, nachdem die Welt sie schon längst angenommen hat. Wir sollten die Welt aufwärts führen und sagen: „Das ist der Weg zu einer gesunden, glücklichen, heiligen Gesellschaft; kommt mit uns", doch wir scheinen das genaue Gegenteil zu tun. Ich glaube, Gott ist darüber zutiefst betrübt.

Tatsächlich wurde die Anglikanische Kirche, anders als die Staatskirche in Norwegen, aus Ehebruch und Mord heraus geboren. Das Fundament war also von Anfang an brüchig. Es ist kein Zufall, dass eine Kirche, die aus dem Ehebruch des Königs Heinrich VIII. hervorging, sich jetzt Fragen der Sexualität und der geschlechtlichen Identität gegenübersieht, die sie zerreißen könnten. Diese Risse bestanden von Anfang an, doch sie wurden weder eingestanden noch wurde Buße getan. Allerdings ist das die Lage meiner Kirche in England. In Norwegen entstand die Staatskirche aus der Reformation Martin Luthers, direkt oder indirekt. Ich weiß, dass er kein einziges Mal nach Norwegen kam, seine Überzeugungen jedoch schon.

„Wie kommuniziert das Haupt im Himmel mit dem Körper auf der Erde?" Auf diese wichtige Frage entdeckte Luther erneut die Antwort. Oder, um es anders zu formulieren: „Wie kontrolliert das Haupt im Himmel den Körper auf der Erde?" Ich glaube, die Kirche befindet sich in einem spastischen Zustand. Dabei reagiert der Körper nicht mehr so, wie er es tun sollte, auf die Anweisungen des Kopfes.

In Australien war ich eingeladen, auf einer Synode in

einem Theater zu 600 Geistlichen der Unierten Kirche zu sprechen. Dort ging ich diese Frage an. Ich sagte: „Es gibt zwei Arten, wie das Haupt der Kirche mit seinem Körper kommuniziert und ihn kontrolliert. Zum einen durch die Bibel und zum anderen durch den Geist. Auf diese beiden Arten teilt er uns seinen Willen mit. Ignorieren wir diese beiden Kommunikationskanäle – die Bibel, die aufgrund der Offenbarungen der Vergangenheit zu uns gekommen ist, und den Geist, der seine gegenwärtige Offenbarung vermittelt – dann haben wir ein Problem. Ich habe den gesamten Morgen an Ihrer Synode teilgenommen. Sie haben darüber diskutiert, ob Sie praktizierende Homosexuelle in Ihrer Kirche als Geistliche ordinieren sollten; während der gesamten Debatte, drei Stunden lang, habe ich kein einziges Mal ein Bibelzitat gehört; auch der Geist wurde nie erwähnt. Sie sind ein spastischer Leib. Sie machen Ihr eigenes Ding."

Auf die Reaktion war ich nicht gefasst. Sie sprangen auf; sie schrien mich an. Sie drohten mir mit der Faust, und ich ging einfach still durch ihre Mitte hindurch und aus dem Theater hinaus. Da war richtig was los. Leider machte ich auch Schlagzeilen in der Presse. Doch schlechte Publicity schadet nicht. Tatsächlich gibt es so etwas gar nicht. Ich bin kein Mensch, der um den heißen Brei herumredet, ich spreche Dinge direkt an, wo immer ich mich bewege! Vor Jahren gab ich dem Herrn ein Versprechen. Ich sagte: „Herr, hier ist mein Mund. Was immer du mir aufträgst zu sagen, das werde ich sagen, unabhängig von den Kosten oder Konsequenzen." Das habe ich ernst gemeint.

Dank der Gnade Gottes habe ich dieses Versprechen halten können. Auf diese Art wird man zwar kein populärer Prediger, aber bekannt wird man allemal! So ist es nun einmal, so bin ich. Ich glaube, der Herr hält nach Männern und Frauen Ausschau, die ihren Mund öffnen und die Wahrheit sagen werden, die ganze Wahrheit, und nichts

ERWECKUNG ODER REFORMATION?

als die Wahrheit, so, wie sie nun mal ist – ohne Furcht vor den Menschen, ob es sich um Männer oder Frauen handelt. Frauen werden manchmal mehr gefürchtet, wie ich an Pastoren und ihren Frauen festgestellt habe.

Luther entdeckte eine Methode, wie das Haupt mit dem Körper kommuniziert: durch die Bibel. Sein Prinzip lautete: allein die Schrift *(sola scriptura)*. Dieses Prinzip möchte ich Ihnen empfehlen. Sein Ausspruch: „Mein Gewissen ist gefangen in Gottes Wort...Hier stehe ich, ich kann nicht anders" entsprach dem Gelübde, das ich vor Jahren ablegte, die Bibel so intensiv zu studieren, wie ich konnte. Ich wollte alle einander widersprechenden Interpretationen lesen, die ich in die Finger bekommen konnte, d.h. ich würde andere Meinungen anhören. Doch wenn ich selbst zu einer abschließenden Überzeugung gelangt war, was die Bibel zu diesem Thema lehrte, würde ich sie verbreiten, was es auch kosten mochte. Und es hat mich einiges gekostet. Doch das ist meine Überzeugung, und ich glaube, Luther und ich sind uns darin einig.

Das war das Fundament, auf dem er viele jahrhundertealte Kirchentraditionen hinwegfegte, in denen er selbst erzogen worden war. Er machte Schluss mit Reliquien, Pilgerreisen, Fegefeuer, Ablasshandel und fünf der sieben Sakramente; es war bereit, alle diese Bereiche der alleinigen Prüfung der Schrift zu unterziehen; und er war kühn genug, sie entsprechend zu behandeln. Diese Art von Mut wird heute in der Kirche dringend gebraucht. Allerdings stelle ich fest, dass es nur wenige Stimmen gibt, die bereit sind, die Dinge beim Namen zu nennen. Die meisten Pastoren geben mir gegenüber freimütig zu, dass sie Kompromisse eingegangen sind und das auch wissen. Doch die Angst, Mitglieder zu verlieren, wenn die eigene Kirche bereits schrumpft, ist ein Syndrom, dem man nur schwer widerstehen kann.

Luther stellte die Schrift also über die Tradition. Ich

glaube, dazu sind auch wir heute aufgefordert. Denn wir haben Traditionen, die nur bis zur Reformation zurückreichen mögen, sie sind nur 300 oder 400 Jahre alt, doch auch sie müssen anhand der Bibel überprüft werden. Ob wir dazu in unserer Zeit genauso bereit sind, wie Luther es war, ist die wahre Prüfung unseres Gehorsams gegenüber dem Herrn.

Meine These lautet folgendermaßen: Luther hat die Reformation nicht vollendet. Er wendete dieses Prinzip nicht durchgehend auf alles an, was er von der Kirche des Mittelalters übernahm. Unser Auftrag ist es heute, das zu vollenden, was er begonnen hat. Für manche Menschen ist diese Ansicht schon fast Ketzerei. Zu behaupten, Luther habe nicht das letzte Wort zu allem gesprochen und das nicht vollendet, was er begann, wird als Irrlehre betrachtet.

Allerdings werde ich Ihnen zehn Bereiche zeigen, in denen er das Prinzip der Schrift nicht anwendete. Fünf davon haben mit dem zu tun, was wir predigen, und die anderen fünf damit, wie wir Gemeinde bauen. Ich glaube, in diesen zehn Bereichen sollten wir heute auf Grundlage der Bibel Reformatoren sein, wie Luther einer war, und dieselbe Kühnheit an den Tag legen.

Luther musste nicht den höchsten Preis bezahlen. Allerdings tat Jan Hus, den ich sehr bewundere, 100 Jahre vor Luther dasselbe wie der Reformator und wurde dafür bei lebendigem Leib in Konstanz auf dem Scheiterhaufen verbrannt. Er setzte in Prag eine Reformation in Gang, die später von katholischen Heeren niedergeschlagen wurde. Sie kämpften gegen die Menschen, die als *Hussiten* bezeichnet wurden. Dieses Thema interessiert mich, weil mein Schwiegersohn Tscheche ist. Gemeinsam mit meiner Tochter kaufte er ein leerstehendes Hotel in der Stadt, in der Hus lebte, direkt neben dem Hus-Museum. Das Hotel wurde renoviert und der Präsident der Tschechischen Republik hat dort übernachtet.

ERWECKUNG ODER REFORMATION?

Durch diese verwandtschaftliche Verbindung begann ich mich für Jan Hus zu interessierten und bin ein großer Anhänger von ihm geworden, weil er bereit war, den Preis zu bezahlen, der für ihn sehr hoch war. Der römisch-deutsche Kaiser versprach ihm freies Geleit zu seinem Prozess, in dessen Verlauf man ihn der Ketzerei schuldig befand und auf dem Scheiterhaufen verbrannte. Als er den Kaiser anrief und sagte: „Ihr habt mir freies Geleit zugesichert, wenn ich zum Konzil käme", lautete die Antwort: „Ich habe Euch freies Geleit hierher versprochen, jedoch kein freies Geleit zurück nach Hause." So wurde er für seine Reformation getötet.

Luther war nicht mit der gesamten Bibel zufrieden; das war einer der Gründe, warum er sich widersprüchlich verhielt und seine Reformation nicht zu Ende brachte. Wie Sie wissen, konzentrierte er sich hauptsächlich auf die Briefe des Paulus. Mit Jakobus konnte er nicht viel anfangen, aus Gründen, die wir uns später genauer anschauen werden. Er nannte den Jakobusbrief eine „stroherne Epistel". Auch mit dem Buch der Offenbarung wurde er überhaupt nicht warm und vertrat tatsächlich die Meinung, es sollte überhaupt nicht in der Bibel stehen. Dadurch behinderte er die Kirche in ihrer Eschatologie (Lehre von der Endzeit) und in ihrer Zukunftshoffnung. Noch einmal, ich werde das später noch detaillierter ausführen. Daher war das Prinzip „allein die Schrift" von Anfang an geschwächt. Er schaffte es nicht, die Ausgewogenheit der gesamten Bibel oder auch nur des ganzen Neuen Testaments zu erfassen.

Sein zweites Versagen, das daraus resultierte, war, dass er die Schrift nicht auf jeden Bereich des christlichen Lebens und auch nicht auf das kirchliche Leben seiner Zeit anwendete. Es gab Bereiche, die er nicht antastete. Ich glaube, dass Gott uns jetzt dazu aufruft (und ich werde Ihnen die Gründe nennen, warum ich das glaube), die Reformation zu vollenden und die gesamte Bibel auf jeden Bereich des christlichen Lebens, auf alle unsere Predigten und die ganze Kirchenstruktur anzuwenden.

In der Folge werde ich mit einer positiven Errungenschaft Luthers beginnen, nämlich der großartigen Entdeckung oder Wiederentdeckung, die ihm gelang; sie hat sich seither auf alle protestantischen und indirekt auch auf die Katholische Kirche ausgewirkt: die Rechtfertigung aus Glauben. Ich schätze, dass man sich ihretwegen an Luther erinnern wird, bis Christus wiederkommt. Das war sein großer Beitrag. Es war die Antwort auf die grundlegendste Frage: Wie kann ich als menschliches Wesen mit Gott ins Reine kommen, da er doch gerecht ist und ich es nach seinen Maßstäben keinesfalls bin? Das ist die grundlegende Frage. Um es anders zu formulieren: „Wie werde ich Christ?" Seine Antwort lag in der Wiederentdeckung der Rechtfertigung aus Glauben: dass Gott bereit ist, mich für gerecht zu erklären, mich für unschuldig zu halten, was für einen gerechten Gott natürlich ein völlig ungerechtes Urteil wäre. Es wäre für einen gerechten Gott unmöglich, über die Sünde *hinwegzusehen* und mir anzubieten, sie zu vergessen.

Kurz nach dem Tsunami beantwortete ich im britischen Fernsehen die Frage: „Warum erlaubt Gott Naturkatastrophen?" Unter anderem sagte ich: „Es ist Gott unmöglich, Sünde zu vergeben..." Ich machte eine Pause, die lange andauerte. Eine Dame schrieb mir danach Folgendes: „David Pawson ist endgültig über das Ziel hinausgeschossen. Er ist total ausgetickt oder verrückt geworden." Doch nach der Pause sagte ich einfach: „...es sei denn, es wurde für sie bezahlt." Nach diesem Zusatz, schrieb mir diese Dame, brach sie in Tränen aus, weinte vor Freude und dankte dem Herrn. Ein gerechter Gott kann Sünde nicht vergeben, es sei denn, es wurde für sie bezahlt. Das ist die Wahrheit, die Martin Luther wirklich entdeckte: dass Gott uns wie Gerechte behandeln kann, als hätten wir nie gesündigt, doch nur weil Jesus Christus gestorben ist und für unsere Sünden gesühnt hat. Das ist die wichtige Tatsache, die Luther entdeckte. Allerdings hatte er die Tendenz, sie zum grundlegenden Verständnis der Errettung zu machen. Er sah sie nicht nur als den Anfang der Errettung, sondern auch als ihre Mitte und ihr Ende. Es war alles, was nötig war, um in den Himmel zu kommen. Dieses Verständnis hat die protestantischen Kirchen seither verfolgt. Die Überbetonung einer Doktrin wird die anderen immer negativ beeinflussen, weil die Gesamtheit der christlichen Errettung, die gesamte Lehre des Evangeliums, auf einer Anzahl von Eigenschaften beruht, die ineinandergreifen. Betont man eine von ihnen zu sehr, werden die anderen zu wenig berücksichtigt. Ich glaube, genau das ist geschehen.

Luther war nicht der Papst, und er wäre entsetzt gewesen, hätte man ihn dafür gehalten. Gleichzeitig ist es erstaunlich, wie viele Menschen ihn als einen unfehlbaren Lehrer ansehen. Ich habe einmal zu einem katholischen Priester gesagt: „Das Eine, was ich an der Katholischen Kirche bewundere, ist, dass Sie nur einen unfehlbaren Lehrer hat. Wir Protestanten haben hunderte, wenn nicht sogar tausende, und wir neigen dazu, einem Lehrer zu folgen und ihn für unfehlbar zu halten."

Übrigens, bitte glauben Sie nichts, was ich sage oder schreibe, wenn Sie es nicht selbst in Ihrer Bibel finden können. Das gibt mir Sicherheit. Es bedeutet, dass Menschen, die etwas in der Bibel finden, nicht sagen: „Weißt du, was David Pawson lehrt?" Stattdessen sagen sie: „Weißt du, was die Bibel dazu sagt?" Aus meinem Dienst sollen Menschen hervorgehen, die die Bibel zitieren und keinen Lehrer. Denn man kann so leicht einen Lehrer gegen den anderen ausspielen; es ist ein Spiel, an dem ich kein Interesse habe.

Betrachten wir nun drei oder vier verschiedene

Auswirkungen einer derartigen Überbetonung der Rechtfertigung aus Glauben; und welche Folgen das für einige andere wichtige biblische Glaubenslehren zum Thema Errettung hatte. In diesem Kapitel behandle ich die individuelle Errettung (um kirchliche Fragen kümmern wir uns später). Doch jetzt geht es mir darum, was wir als das Evangelium der Errettung verkünden. Die erste wichtige Auswirkung war, dass wir den Fokus unserer Predigt auf den Tod Christi legten statt auf die Auferstehung. Dieser Punkt ist so grundlegend, dass wir fast schon zu wenig Abstand zu ihm haben, um zu erkennen, was geschehen ist.

Untersuchen wir daher den größeren Gesamtzusammenhang. Im Mittelalter war der Katholizismus von der Kreuzigung besessen. Besuchten Sie eine katholische Kirche, sahen Sie so gut wie nichts anderes als einen toten Jesus. Sie betrachteten die 14 Stationen des Kreuzweges an den Kirchenwänden. Sie erblickten ein großes Kruzifix, an dem der tote Christus hing. Die einzige Darstellung einer lebendigen Person, die Sie wahrscheinlich zu sehen bekamen, war eine Statue von Maria. Sie war lebendig, lächelte und blickte Sie an. Während Jesus Sie als tote Figur überall umgibt, ist Maria die lebendige Figur. Daher ist es kein Wunder, dass naive Katholiken zu Maria beten – sie wurde lebendig dargestellt; Jesus hingegen als tot: „Ja, er ist für uns gestorben, doch er ist tot, während Maria lebt; lasst uns zu jemandem beten, der lebendig ist."

Ich lehrte in Finnland, und dieses Land befindet sich in einer einzigartigen Situation. Es wurde von den Schweden überfallen, die das Luthertum mitbrachten, und von den Russen, die die Orthodoxie im Gepäck hatten. Als ich zu einem früheren Zeitpunkt dorthin reiste, sagte ich zu meinem Fremdenführer: „Ich würde gerne diese beiden Kathedralen von innen sehen." Er fragte mich nach dem Grund. Ich antwortete ihm: „Ich erwarte, in der einen den Tod und

ERWECKUNG ODER REFORMATION?

in der anderen das Leben zu sehen. Das Christentum im Westen hat seit der großen Spaltung 1054 einen anderen Weg eingeschlagen. Die westlichen Kirchen fokussieren ihre Verkündigung und ihre Anbetung auf das Kreuz, auf den Tod, während die orthodoxen Kirchen im Osten sich auf die Auferstehung konzentrieren."

Ich war geschockt, als ich die lutherische Kathedrale betrat. Über dem Altar (oder nennt man es einen Tisch?) hing ein riesiges Ölgemälde. Es war ein drei Meter hohes Bild vom Leichnam Christi. Er starb nicht einfach am Kreuz, sondern lag als Leichnam am Fuße des Kreuzes: kalt, grau, fast schon blau. Tot. Er sah so tot aus, wie ich es noch nie auf einem Gemälde gesehen habe. Dann ging ich in die orthodoxe Kirche und sagte: „Und was ich hier sehen werde, sind viele Ikonen oder Bilder von Jesus, der lebendig ist und Menschen ansieht." Doch es kam sogar noch besser. Die Hauptikone in der Mitte war ein riesiges Gemälde, das die Himmelfahrt Christi zeigte. Als er in den Himmel hinauffuhr, blickte er voller Liebe und Erbarmen auf die Menschheit hinunter, die er gerade verließ. Es war ein großartiges Bild. Übrigens gab mir eine Dame dort eine typisch orthodoxe Ikone. Allerdings zeigte sie keinen sterbenden Christus, sondern einen lebendigen. Aus diesem Grund grüßt jeder am Ostermontag in Moskau alle anderen mit den Worten: „Christus ist auferstanden!" Die Antwort kommt bereitwillig von jeder Person: „Er ist wahrhaftig auferstanden!" Für sie ist Ostersonntag das Herz des Evangeliums, nicht Karfreitag.

Das ist nun seit 1054 der Unterschied zwischen den Ost- und Westkirchen. Luther hat das in gewisser Hinsicht nicht korrigiert, weil wir durch Jesu Tod gerechtfertigt werden. Daher wird der typische westliche Prediger und Evangelist heutzutage einen Vers zitieren bzw. falsch zitieren: Wir „predigen Christus als gekreuzigt." Das ist eine schlechte Übersetzung. Im Griechischen heißt es: „Wir predigen

Christus, der (in der Vergangenheit) *gekreuzigt worden ist*" (d.h. es aber nicht mehr ist). Das verändert den gesamten Vers. Wir verkünden einen lebendigen Christus, der in der Vergangenheit gekreuzigt wurde. Doch die Hauptsache ist, dass er lebt und nicht tot geblieben ist. Ich denke an Verse in anderen biblischen Büchern. Paulus schreibt beispielsweise im Römerbrief: „Und nachdem wir jetzt durch sein Blut gerechtfertigt sind, werden wir durch ihn erst recht vor dem kommenden Gotteszorn gerettet" (Römer 5,9; NeÜ). Diese Betonung vermisse ich in der westlichen Verkündigung. „Das Kreuz, das Kreuz, das Kreuz, er starb für dich; er hat deine Sünden weggenommen" – es kommt alles vor, doch ich höre nicht oft, dass die Auferstehung als Schlüssel des Evangeliums verkündet wird. Studieren Sie die Predigten der Apostel in der Apostelgeschichte, so stellen Sie fest, dass die Auferstehung im Zentrum stand. Ja, sie erwähnten seinen Tod. Bis hin zur Offenbarung: „Und ich sah mitten zwischen dem Thron und den vier Wesen und mitten unter den Ältesten ein Lamm stehen, wie geschlachtet" (Offenbarung 5,6). Doch es ist kein totes Lamm. Es ist ein Lamm, das geschlachtet worden ist und auch so aussieht, doch es ist sehr lebendig und steht zur Rechten Gottes.

Ich erwähne dies aus folgendem Grund: Wenn unsere ganze Errettung an der Rechtfertigung hängt, wird uns das zwangsläufig am Kreuz festhalten. Wie Paulus es formulierte: „Wenn Christus nicht auferstanden ist, steckt ihr immer noch in euren Sünden" (siehe 1. Korinther 15,17). Mit anderen Worten, das Kreuz kann ohne die Auferstehung nichts für Sie bewirken. Diese Denkweise erscheint so vielen Christen im Westen fremd. Denn als Protestanten hatten wir zwar keine Kruzifixe, doch wir hatten immer noch das Kreuz, selbst wenn es leer war. Das war immer noch das Symbol unseres Glaubens in unserem Evangelium, bis heute. Doch die Predigten in der Apostelgeschichte fokussierten sich auf

ERWECKUNG ODER REFORMATION?

die Auferstehung, die natürlich der Schlüssel zu unserem Glauben ist. Denn wenn Christus nicht von den Toten auferstanden ist, täuschen wir uns selbst und alle anderen auch. Dann sollten wir morgen jede Gemeinde schließen, da sie auf dem größten Betrug der Geschichte beruht. Das ist also der erste Bereich. Es ist ein Unterschied in der Betonung, keine radikale Veränderung. Doch nach meiner Überzeugung wollen wir doch als Menschen bekannt sein, die einen auferstandenen Jesus predigen, und, was ich noch hinzufügen würde, einen in den Himmel aufgefahrenen. Viel zu viele Menschen denken: „Jesus lebt in meinem Herzen." Sie sind aufgefordert worden, Jesus in ihr Herz einzuladen; ihnen ist niemals gesagt worden, dass er zur Rechten des Vaters sitzt. Wenn er nicht dort wäre, könnte niemand mit dem Heiligen Geist getauft werden, denn er vollzog diese Taufe nicht, als er hier unten war. Das konnte er auch nicht. Jesus musste zurückkehren und die Verheißung vom Vater empfangen, bevor er das für irgendjemanden tun konnte. Wir sind für unsere Errettung zutiefst vom in den Himmel aufgefahrenen Christus abhängig.

Gegen diesen furchtbaren Begriff: „Das vollendete Werk Christi am Kreuz" bin ich allergisch. Es ist insofern vollendet, als es das Opfer für meine Sünden betrifft, doch das Werk Christi ist damit noch lange nicht vollendet. Die Auferstehung, die Himmelfahrt und die Wiederkehr Christi sind ausnahmslos Teil unserer Errettung. Ich bin noch nicht gerettet; ich freue mich darauf, es zu sein. Ich bin auf dem Weg der Errettung, und es ist wunderbar, auf ihm unterwegs zu sein. Wir werden gleich darauf zurückkommen. Das ist also die erste Veränderung in der Betonung, die wir meiner Ansicht nach vornehmen müssen: dass die Auferstehung, der lebendige, in den Himmel aufgefahrene Christus im Zentrum unserer Predigt steht und nicht das Kreuz. Gott sei Dank ist das Kreuz ein Teil davon, doch er hat sein Werk der Errettung nicht am Kreuz vollendet. Danach ging es noch viel weiter.

Als nächstes glaube ich, dass Luther so ängstlich darum bemüht war, gegen Rechtfertigung aus Werken zu predigen, dass er Glauben und sogar Buße auf eine passive Haltung reduzierte statt sie als aktives Handeln zu sehen. In beiden Fällen zeigt mein Neues Testament, dass Buße und Glaube Dinge sind, die wir tun, und dass beide zu unserer Errettung absolut notwendig sind. Beide werden im Neuen Testament im Sinne von Werken, Handlungen und Taten definiert. Luther war meiner Ansicht nach so sehr besorgt, jeden Gedanken der Rechtfertigung durch Werke abzutöten – diesen Eindruck, den die Kirche im Mittelalter so vielen Menschen vermittelt hatte – dass er mit Jakobus 2 beispielsweise überhaupt nicht zurechtkam, wo es heißt: „Glaube ohne Werke ist tot. Er kann nicht retten."

Natürlich handelt es sich hier nur um ein einfaches Missverständnis: dass Paulus und Jakobus, wenn sie das Wort „Werke" benutzten, dasselbe meinten. Denn der Begriff „Werke" hat in der Bibel viele verschiedene Bedeutungen. Das Wort „Werke" meint im Grunde genommen Taten, doch Paulus bezog sich in allen seinen Schriftstellen auf die *Werke des Gesetzes*. Jakobus tat das nicht; er meinte *Werke des Glaubens*. Tatsächlich ruft uns das Neue Testament zuvor zu Werken der Buße auf. Beides sind aktive Handlungen, die Menschen vornehmen. Sie ermöglichen es ihnen, sich das Werk Christi bei der Errettung zu eigen zu machen. Das ist seither der Schwerpunkt. Wir haben mittlerweile eine Phobie gegen Werke entwickelt, die den Gebrauch des Wortes in jeglichem Zusammenhang mit Errettung nicht ertragen kann.

Lassen Sie mich das etwas weiter ausführen. Buße: Johannes der Täufer war die erste Person im Neuen Testament, die dieses Wort benutzte. Er betonte: „Bringt der Buße würdige Früchte." Sie fragten ihn: „Was meinst du damit?" Er verdeutlichte es ihnen, indem er ihnen zeigte, was sie tun sollten. Er sagte ihnen: „Wenn ihr jemanden betrügt, bringt das Finanzielle wieder in Ordnung." Er buchstabierte ihnen ganz praktisch, was Buße ist. Buße ist etwas, das wir tun. Es beginnt mit einer Sinnesänderung. Dann werden Gedanken zu Worten, wenn wir unsere Sünden bekennen, doch sie erreicht einen Höhepunkt im Tun, wenn wir uns von unseren Sünden abwenden und Dinge, die falsch waren, in Ordnung bringen. Jeglicher Gedanke, der Buße als etwas ansieht, das wir tun, ist verlorengegangen. Dabei geht es nicht darum, etwas zu tun, um unsere Errettung zu verdienen, sondern um sie zu empfangen (das ist mein Verständnis des Neuen Testaments).

Lassen Sie mich das anhand meiner eigenen Erfahrungen illustrieren. Ein junger Mann kam vor einiger Zeit auf einem Motorrad mit hohem Lenker und ebensolchen Spiegeln zu mir. Er sah aus wie ein Stachelschwein, denn er trug eine schwarze Lederjacke, die mit Metallnieten besetzt war. Er klingelte an meiner Tür, und ich sagte:

„Hallo Paul, was kann ich für dich tun?"

„Ich möchte mit Ihnen reden."

„Okay, komm rein", antwortete ich. Er kam herein, setzte sich und drückte seine nietenbesetzte Hose in unsere Couch. Sie trägt immer noch die entsprechenden Abdrücke.

Ich fragte ihn: „Worüber möchtest du sprechen, Paul?"

Er antwortete: „Ich möchte getauft werden."

Ich fragte: „Weißt du, wie wir hier Menschen taufen?"

„Ja, Sie tunken sie in Wasser ein."

„Du willst also, dass ich dich eintunke?"

„Genau!"

Ich sagte: „Paul, weißt du, was das Wort ‚Buße tun' bedeutet?"

„Nö, noch nie davon gehört."

„Ich werde es dir erklären. Geh nach Hause und stelle Jesus eine Frage: Gibt es irgendetwas in meinem Leben, das dir nicht gefällt? Wenn er dir etwas sagt, hör damit auf, werde es los. Dann komm wieder." Drei Wochen später stand er wieder auf unsere Schwelle. Ich fragte: „Nun, Paul, was ist los?" Er antwortete: „Erledigt!" Ich fragte: „Was meinst du damit?" „Erledigt. Ich habe aufgehört, an meinen Nägeln zu kauen." „In Ordnung, Paul. Jetzt kann ich dich taufen." Ich tat es, und er hat es nie bereut. Er bewies mir seine Buße; er war bereit, alles zu unterlassen, was Jesus nicht gefiel. Das ist eine gute und simple Definition von Buße.

Viele Menschen, die ich kenne, sind getauft worden, ohne dass man sie aufgefordert hätte, einen derartigen Beweis der Buße zu erbringen. Ich taufe Menschen nicht, weil sie ihren Glauben bekennen, sondern weil sie ihre Buße unter Beweis gestellt haben. Paulus schreibt: „Daher...war ich der himmlischen Erscheinung nicht ungehorsam..." Könnten Sie den zweiten Teil des Satzes vervollständigen? Ich habe noch nie einen Christen getroffen, der das konnte. Paulus fährt fort: „sondern verkündigte...unter den Heiden, sie sollten Buße tun und sich zu Gott bekehren und rechtschaffene Werke der Buße tun" (Apostelgeschichte 26,19). Darüber habe ich noch nie eine Predigt gehört: rechtschaffene Werke der Buße tun, d.h. ihre Buße durch ihre Taten beweisen, nicht durch ihre Werke.

Buße ist also etwas, das wir *tun* müssen. Der Buße würdige Früchte erbringen den Beweis – Buße durch Werke. Glaube ist daher nicht etwas, das wir denken, sagen oder fühlen, sondern etwas, das wir tun. Als unsere drei Kinder noch klein waren, spielten wir mit ihnen ein Spiel namens „Glaube", um ihnen beizubringen, was Glaube ist. Wir gingen zur Treppe im Zentrum des Hauses, und sie kletterten fünf Stufen hinauf. Ich stand am Fuß der Treppe, mit meinen Händen hinter dem Rücken, und sie fragten: „Papi, wenn wir springen, wirst du uns auffangen?" Ich sagte: „Vielleicht.

ERWECKUNG ODER REFORMATION?

Ich verspreche aber nichts." Da standen sie nun, traten erwartungsvoll von einem ihrer Füßchen auf das andere und überlegten sich, ob sie sich hinunterstürzen sollten. Vermutlich war das damals für sie dasselbe wie heute ein spannendes Stunt-Video. Dann sprang eines von ihnen los, und ich fing es auf. Das gab den anderen beiden Zuversicht, und sie sprangen ebenfalls in meine Arme.

Sie liebten dieses Spiel namens „Glaube". Was ich versuchte, ihnen beizubringen, war: „Du glaubst erst an mich, wenn du springst. Ich weiß nicht, ob du mir vertraust, bis du es durch dein Handeln unter Beweis stellst." Genauso beschreibt Jakobus im zweiten Kapitel seines Briefs den Glauben. Betrachten Sie den Glauben von Rahab, der Prostituierten, oder den Glauben Abrahams; in Hebräer 11, dem Kapitel über die Glaubenshelden, ging es in jedem Fall darum, dass sie aus Glauben *handelten*. Noah glaubte und baute eine Arche. Glaube war etwas, das sie taten, ein Risiko, das sie eingingen. Sie wären komplett auf die Nase gefallen, wenn es nicht funktioniert hätte.

In den Gemeinden von England machte ein Witz über einen Mann die Runde, der in einer dunklen und nebligen Nacht über ein Feld ging. Er fiel von der Klippe am Rande des Feldes. Als er in dieses tiefe Tal hinunterstürzte, gelang es ihm, sich an einem Baum festzuhalten, der aus der Steilküste hinauswuchs. Er hielt sich mit beiden Händen daran fest. Da hing er nun, in der Dunkelheit und im Nebel, und fragte sich, wie weit es noch nach unten wäre. Dann rief er aus: „Ist dort oben jemand?"

Eine tiefe Stimme aus den Wolken antwortete: „Ja, mein Sohn, ich bin da."

„Kannst du mich hier herausholen?"

„Ja."

„Was muss ich tun?"

„Lass den Baum los."

„Ist dort oben noch jemand?"

Das ist Glaube. Glaube bedeutet, ein Risiko einzugehen; etwas zu tun, mit dem Sie Ihr Vertrauen unter Beweis stellen. Ich predigte einmal in einer großen Gemeinde in Deutschland, in einem nagelneuen wunderschönen Gebäude im Zentrum einer großen Stadt. Damals fragte ich die Gemeinde: „Wie viele von Ihnen glauben an mich?" Nach einer langen Stille hoben zirka fünf Personen ihre Hand, einschließlich einer sehr gut angezogenen Dame in der ersten Reihe. Dann fragte ich: „Wie viele von Ihnen glauben, dass ich existiere?" Jede Hand ging nach oben. Sehen Sie, wenn Sie den Aufruf korrekt formulieren, erhalten Sie größeren Zuspruch! Doch ich sagte: „Sie alle glauben, dass ich existiere, doch nur fünf haben erklärt, an mich zu glauben. Selbst bei diesen Fünf bin ich mir nicht sicher, ob sie an mich glauben. Sie haben ihren Glauben an mich bekannt, allerdings weiß ich nicht, ob Sie es wirklich ernst meinen."

Ich zeigte auf die gut angezogene Frau in der ersten Reihe. Predigen Sie niemals zu einer Einzelperson in einer Gemeinde, es wird auf Sie selbst zurückfallen! Ich sagte zu ihr: „Sie haben Ihre Hand gehoben; Sie glauben an mich. Doch ich weiß nicht, ob das stimmt. Sie haben es gesagt." Dann fragte ich Sie: „Würden Sie mir all Ihr Geld zur Verwaltung anvertrauen? Wenn Sie das tun, dann weiß ich, dass Sie an mich glauben. Dann haben Sie es durch Ihr Verhalten bewiesen; dann weiß ich, dass Sie mir vertrauen." Totenstille im gesamten Gemeindesaal. Niemand lächelte, man konnte die Eiseskälte förmlich spüren.

Nachher fragte ich den Pastor: „Warum sind alle erstarrt, als ich das gesagt habe?"

„Sie ist die reichste Frau in dieser Stadt. Ihrem Ehemann gehörten alle Immobilien im Stadtzentrum. Er ist gestorben und hat sie ihr vermacht." Ich vermutete, dass sie das Geld für das neue Gemeindegebäude gespendet hatte. Dieser Teil des Predigtgeschehens erwies sich also leider als Schuss in den Ofen.

Doch mein Argument war absolut richtig. Der Herr fragt uns: „Woran kann ich erkennen, dass du an mich glaubst?" Sie sagen zwar, dass Sie es täten, doch Sie glauben erst an den Herrn, wenn Sie ein Risiko eingehen, wenn Sie etwas tun, dass in einer Katastrophe enden würde, sollte Er nicht eingreifen. Denken Sie darüber nach. Aus diesem Grund setzte Rahab, die Prostituierte in Jericho, ihre Zukunft auf das Volk Israel und den Gott Israels. Sie ging ein immenses Risiko ein! Hätten die Menschen in Jericho ihre wahren Absichten erkannt, wäre sie tot gewesen.

Betrachten Sie, wie Abraham Isaak opferte. Was für ein Risiko er einging. Wir wissen, dass er Gott vertraute, denn er glaubte, dass Gott Isaak von den Toten auferwecken würde. Dabei hatte es noch nie zuvor eine Auferstehung von den Toten gegeben. Doch er glaubte daran. Er ging das Risiko ein und war bereit, seinen Sohn zu töten, weil er glaubte, Gott würde ihn wiederauferstehen lassen. Das sagt uns die Bibel. Wir wissen es, weil er zu seinen Dienern, die er am Fuß des Berges zurückließ, sagte: „Mein Sohn und ich werden auf den Berg steigen. Wir werden den Herrn anbeten und wieder zu euch zurückkehren."

Jakobus schreibt, dass Rahab und Abraham ihren Glauben durch ihre Werke unter Beweis stellten. Es war ein *aktiver* Glaube. Sie taten tatsächlich etwas, das ihr Vertrauen auf Gott bewies. Diese sehr aktive Sicht von Buße und Glauben ist durch eine innere, mentale Art von Buße und Glauben ersetzt worden, die zwar so weit geht, mit Worten zu bekennen, sich jedoch nicht im Handeln zeigt. Wenn es etwas gibt, das Evangelisten meiner Meinung nach unterlassen, ist es Folgendes: Sie helfen interessierten Menschen nicht Buße *zu tun* – Dinge in Ordnung zu bringen, und das ist mein zweiter Punkt.

Ich predigte drei Tage lang bei einer Evangelisation in Aberdeen. Dort kommt das ganze Öl aus der Nordsee an Land. Ich habe früher einmal im Jahr meinen Predigtdienst bei einer Evangelisation zugesagt, um zu beweisen, dass ich kein Evangelist bin! Das ist gut. Der Herr beschämt mich immer wieder, doch ich bin kein Evangelist. Ich habe das Geheimnis entdeckt, wie man dem Herrn fröhlich dienen kann: Sie leben und dienen mit Ihrer Gabe und versuchen nicht, etwas zu sein, wozu er Sie nicht begabt oder berufen hat. Doch ich sage immer noch manchmal bei Evangelisationen zu und immer noch bekehren sich Menschen; niemanden überrascht das mehr als mich.

Am Ende des zweiten Abends in Aberdeen kam eine junge Frau zu mir. Sie war in einem schlechten Zustand. Sie schluchzte und sie war wütend. Ihre Haut war fleckig, sie war wirklich in einer schlimmen Verfassung und sie sagte: „Herr Pawson, Sie frustrieren mich."

Ich fragte: „Inwiefern frustriere ich Sie?"

„Sie bringen mich dazu, Christ sein zu wollen."

Ich antwortete ihr: „Genau aus diesem Grund bin ich nach Aberdeen gekommen."

Sie sagte: „Nein, Sie verstehen mich nicht. Ich versuche seit 18 Monaten Christ zu sein. Bei jedem Evangelisten, der in Aberdeen gepredigt hat, bin ich am Ende nach vorne gegangen. Ich besuchte Bibelstunden und erhielt Seelsorge; ich habe versucht, das zu tun, was sie mir rieten. Nichts hat sich verändert, und ich erreichte den Punkt, an dem ich glaubte, das bringt doch nichts."

Ich fragte: „Und wie kommt es, dass Sie heute Abend in diesem Theater sind?" Sie sagte: „Eine Freundin drängte mich, mitzukommen und Ihnen zuzuhören. Ich hatte aufgehört, Christ sein zu wollen, jetzt haben Sie es alles wieder angefacht, und ich bin frustriert."

Ich bat den Heiligen Geist um ein Wort der Weisheit, und

er gab mir eines. Ich schaute ihr in die Augen und fragte: „Mit wem leben Sie zusammen?"
Sie errötete etwas und sagte: „Ich lebe mit einem jungen Mann zusammen."
Ich fragte: „Sind Sie mit ihm verheiratet?"
„Nein."
„Leben Sie mit ihm zusammen, als wären Sie verheiratet?"
„Ja."
„Warum sind Sie nicht verheiratet?"
„Er glaubt nicht an die Ehe; er sagt, es sei einfach ein Stück Papier; wir lieben einander doch, das ist alles, was zählt."
Ich sagte ihr: „Sie haben ihm nie irgendetwas versprochen; und er hat Ihnen keine Versprechen gemacht. Wenn er Sie morgen verlässt, bricht er kein Versprechen."
„Oh, das wird er nicht tun, er liebt mich zu sehr."
Ich sagte: „Sie stehen vor einer sehr schwierigen Entscheidung. Ich wünschte, ich könnte sie für Sie treffen, doch ich kann es nicht. Sie müssen sich entscheiden, mit welchem Mann Sie leben wollen: mit Jesus oder mit diesem jungen Mann, weil Jesus sich an einer solchen Beziehung nicht beteiligen wird."
Wütend stieß sie hervor: „Niemand sonst hat mir das gesagt."
„Es hat Ihnen auch niemand geholfen", erklärte ich. „Ich sage Ihnen, was die anderen Ihnen hätten sagen sollen."
Ich erklärte ihr wirklich einfach nur, was Buße bedeutet. Es bedeutet, eine falsche Beziehung aufzugeben, abgesehen von allem anderen. Sie drehte sich auf dem Absatz um und lief weinend aus dem Theater, ich hörte sie den ganzen Weg schluchzen, und sie tat mir wirklich von Herzen leid.
Sofort dachte ich an den reichen jungen Mann, der zu Jesus kam, und Jesus hatte ihn lieb. Er sagte: Alles, was du tun musst, ist, dein Geld loszuwerden und mir nachzufolgen. Der junge Mann liebte sein Geld zu sehr, und als er vor die

Wahl gestellt wurde, wählte er sein Geld. Doch ich fühlte das, was Jesus gefühlt haben musste. Sie können sich so sehr wünschen, dass sich jemand bekehrt, dass Sie die Standards der Buße herabsetzen. Dieser jungen Frau hatte man nichts über Buße erzählt. Man hatte ihr erklärt, wie sie Jesus in ihr Leben aufnehmen konnte. Man hatte alle richtigen Worte benutzt, das Übergabegebet mit ihr gesprochen, all das, doch man hatte sie nicht gelehrt, wie man Buße tut.

Im Hinblick auf Buße und Glauben hat man bei der modernen Evangelisation die Buße am meisten vernachlässigt. Wir nehmen an, sie könnte später geschehen. Ich habe sogar gehört, wie Menschen propagierten: „Lasst sie zuerst zum Glauben kommen, dann können sie Buße tun." Das war nie die Reihenfolge im Neuen Testament. Sie sah immer so aus: Tut Buße und glaubt. Sie tun Buße und zwar nicht gegenüber Jesus. Sie tun Buße *vor Gott* und *glauben an* Jesus. Denn Sie haben Gottes Gebote gebrochen. Sie haben Gottes Zorn erregt. Sie haben Gottes Liebe zurückgewiesen. Sie haben Gottes Gericht verdient. Ich halte nichts davon, Menschen von Jesus zu erzählen, bevor sie begriffen haben, dass sie mit Gott ins Reine kommen müssen. Dann macht Jesus so viel mehr Sinn – dass er gekommen ist, um das Problem zu lösen.

Daher bin ich der Ansicht, dass Luthers Verständnis von Glauben und Buße zu passiv war. Er hatte solche Angst, dass Menschen denken könnte, Errettung wäre etwas, das man sich verdient, dass er jeglichen Gedanken an eigenes Handeln verwarf. Allerdings meinte Paulus Werke der Buße und des Glaubens, als er Menschen aufforderte, dem *Evangelium zu gehorchen*. Das ist eine bemerkenswerte Aussage. In 2. Thessalonicher 1 spricht er von Menschen, die gerichtet werden, weil sie dem Evangelium nicht gehorchen. Es geht nicht darum, dass sie es nicht angenommen hätten oder es nicht geglaubt hätten – sie haben ihm *nicht gehorcht*.

ERWECKUNG ODER REFORMATION?

Diese Betonung im Neuen Testament, Glauben *auszuüben*, Buße *zu tun*, bedeutet keinesfalls, sich etwas zu verdienen oder einer Sache würdig zu werden. Vielmehr geht es darum, wie man sich die Errettung aneignet, die uns gehört. So kommt es zu diesem offensichtlichen Widerspruch zwischen Paulus und Jakobus, der näher betrachtet aber gar kein Widerspruch ist. Vielmehr handelt sich um zwei Seiten derselben Münze. Sie müssen zusammen betrachtet werden und dazu führen, dass aktives Tun ein wichtiger Bestandteil des Glaubens wird.

Jetzt kommen wir zum dritten Punkt. Luther, der sich auf die Rechtfertigung aus Glauben konzentrierte, vermittelte zwei Annahmen, die zurechtgerückt werden müssen. Die erste war die Annahme, wir würden in einem Moment gerettet. Wir werden zwar in einem Augenblick *gerechtfertigt*, doch Errettung ist ein Prozess. Sie geschieht nicht in einem Augenblick. Luther allerdings betonte: „Du wirst in einem Moment gerechtfertigt und der Himmel gehört sofort dir. Jetzt hast du ewige Gewissheit in Christus." Sagt man das, so vermittelt man den Eindruck, dass man sogleich gerettet würde. In der Folge benutzen Evangelikale heute ausnahmslos den Begriff „gerettet" in der Vergangenheitsform. „Ich wurde vor 20 Jahren gerettet", sagt mir jemand, oder: „Am letzten Sonntagabend wurden sieben Menschen gerettet." Ich korrigiere sie immer und sage: „Du hast vor 20 Jahren *begonnen*, gerettet zu werden. Die Menschen haben letzten Sonntag *angefangen,* gerettet zu werden", weil Errettung nicht in einem Moment geschieht; Rechtfertigung wohl, aber Errettung nicht. Es ist ein Prozess, der ein ganzes Leben lang und darüber hinaus andauern kann. Wie ich Ihnen schon gesagt habe: Ich bin noch nicht gerettet, doch ich bin auf dem Weg dorthin.

Was die Gelehrten sehr wohl wissen, sollten Prediger auch ihren Gemeinden sagen: dass das Verb „retten" im

Neuen Testament in drei Zeitformen steht: Vergangenheit, Gegenwart und Zukunft. Wir sind gerettet worden; wir werden gerade gerettet; wir werden gerettet werden. Von diesen drei Zeitformen wird die Zukunft am häufigsten verwendet: wir werden gerettet werden. Der Schwerpunkt im Neuen Testament liegt darauf, dass wir uns darauf freuen, gerettet zu werden. Greifen wir einen oder zwei Verse willkürlich heraus.

Betrachten wir zunächst einen Vers aus dem Römerbrief. Paulus schreibt: „Denn jetzt ist unsere Rettung näher, als da wir zum Glauben kamen" (Römer 13,11; ELB). Was bedeutet dies nun? So viele Prediger haben den Eindruck vermittelt: „Ich wurde doch gerettet, als ich zuerst auf das Evangelium geantwortet habe. Ich bin gerettet. Ich wurde damals gerettet." Doch das stimmt nicht, sie haben angefangen, gerettet zu werden. Leider haben wir damit den Eindruck erzeugt, „gerettet" bedeute „vor der Hölle gerettet". Das Evangelium wird so zu einer Art Brandschutzversicherung. Doch Jesus ist nicht gekommen, um uns vor der Hölle zu retten. Das ist nur ein zusätzlicher Bonus. Er wird Jesus genannt, weil er gekommen ist, um uns von unseren Sünden zu erretten – und zwar von allen. Das Wort steht hier im Plural.

Mit anderen Worten, Errettung soll uns perfekt, sündlos, ohne irgendeine Spur des Sündenfalls machen, sie soll das Bild Gottes in jedem von uns vollkommen wiederherstellen. Das ist Errettung. Meine Frau hat gewaltigen Glauben. Bei den meisten Themen ist ihr Glauben sehr solide, doch es gibt eine Sache, die ich lehre, bei der sie Schwierigkeiten hat, sie zu glauben. Es ist meine Aussage, dass ihr Ehemann eines Tages perfekt sein wird. Sie sagt: „Wenn ich meinen Glauben auf meine Erfahrung stützen würde, könnte ich es nicht glauben, doch ich werde versuchen, meinen Glauben auf das Wort Gottes zu gründen. Der in mir angefangen hat das gute Werk, wird es auch vollenden." Allerdings muss auch ich glaube, dass meine Frau eines Tages perfekt sein wird. Ich erinnere sie an diese Tatsache, obwohl ich überzeugt bin, dass der Herr noch mehr an mir tun muss als an ihr. Nichtsdestotrotz bedeutet gerettet zu sein, vollkommen zu sein. Das ist das Verständnis des Neuen Testaments. Es beginnt mit Rechtfertigung, Gott behandelt uns, als wären wir gerecht, und uns wird Gerechtigkeit *zugerechnet*. Doch das ist nur der Anfang. Die nächste Aufgabe, die viel Zeit kostet, besteht darin, uns seine Gerechtigkeit *zu vermitteln*, uns gerecht zu machen, nicht nur als einen Titel, sondern in der Realität. Das kann ein ganzes Glaubensleben dauern. Ich glaube, wir werden erst vollendet sein, wenn Jesus wiederkommt und wir ihn sehen, wie er ist. Dann werden wir sein wie er. Das ist Errettung.

Die andere Annahme, die dadurch entstanden ist, dass man Errettung als Rechtfertigung definiert, ist die Doktrin „einmal gerettet, immer gerettet". Bei diesem Thema werde ich wahrscheinlich genau den Schmerzpunkt treffen, doch so sei es. Ich glaube, dass dieses Klischee, das nicht in der Bibel steht, „einmal gerettet, immer gerettet", das christliche Streben nach Heiligkeit mehr beschädigt hat als alles andere. Menschen verlassen sich auf eine Entscheidung in der Vergangenheit, eine vergangene Erfahrung, statt sich nach dem Ziel auszustrecken, weil sie gehört haben: „einmal gerettet, immer gerettet".

Verstehen Sie, nach meiner Definition von „gerettet", bin ich noch nicht „einmal gerettet". An dem Tag, an dem das Bild Gottes in mir dauerhaft wiederhergestellt sein wird, werde ich so laut ausrufen, dass es der gesamte Himmel es hören kann: „Einmal gerettet, immer gerettet!", weil es dann wahr sein wird, weil ich dann ein für alle Mal gerettet bin. Es heißt „einmal gerechtfertigt", nicht einmal gerettet. Diese zwei Annahmen, dass Errettung in einem Moment geschieht und dass Sie die Errettung nicht wieder verlieren können, wenn Sie sie einmal erfasst haben, richten, meiner Ansicht nach, gewaltigen Schaden an.

Christen, die in aller Öffentlichkeit im Ehebruch leben, kommen zu mir und sagen: „Es ist schon in Ordnung; ich komme immer noch in den Himmel. Ich bin immer noch gerettet; mach dir um mich keine Sorgen." Ich antworte ihnen: „Ist dir bewusst, dass du deine gesamte Zukunft riskierst? Du sagst also, dass Gott einen Ungläubigen für das verdammen würde, was du, ein Gläubiger tust, doch dich werde er nicht richten?" Gott hat keine Lieblingskinder. Sein Urteil ist absolut gerecht. Wir alle müssen vor dem Richterstuhl Christi erscheinen, um die Strafe für die Dinge zu empfangen, die wir mit unserem Körper getan haben. Doch die Idee „einmal gerettet, immer gerettet" hat Menschen wirklich ergriffen. Sind Sie einmal gerechtfertigt, erhalten Sie Ihre Fahrkarte in den Himmel. Ihre Zukunft ist absolut sicher.

Ich denke, wir müssen das sehr sorgfältig betrachten. Ich habe ein Buch mit dem Titel *Einmal gerettet – immer gerettet?* geschrieben – beachten Sie das Fragezeichen. In diesem Buch habe ich 80 Schriftstellen im Neuen Testament angegeben, die uns davor warnen, unsere Errettung wieder zu verlieren. Sie besagen, dass Errettung ein Prozess ist, ein Prozess, der unterbrochen werden und sogar nicht zu Ende geführt werden kann. Das ist mein Verständnis der Bibel. Sollten Sie die Bibel anders verstehen, fordere ich Sie dazu auf, das Neue Testament sehr gründlich zu untersuchen. Diese 80 Schriftstellen umfassen jeden Autor des Neuen Testaments, und jeder von ihnen sagt: Verliere das nicht wieder, was du empfangen hast.

Betrachten wir eine Auswahl dieser 80, Jesus sagt im Johannesevangelium: „Ich bin der wahre Weinstock; bleibt in mir. Bleibt in mir, seid in mir wohnhaft." Der simpelste Teil davon ist: „Bleibt in mir" – weil ich selbst kein ewiges Leben in mir habe. Ich habe es in Christus. Ewiges Leben befindet sich nicht in den Zweigen, sondern im Weinstock. Wenn ich im Weinstock bleibe, habe ich weiterhin ewiges Leben. Was geschieht, wenn ich den Weinstock verlasse? Jesus hat gesagt, die Zweige, die nicht im Weinstock bleiben, würden verdorren. Sie bringen keine Früchte, werden abgeschnitten und verbrannt. Es gibt eine Beziehung mit dem Weinstock, die „fortdauerndes ewiges Leben" bedeutet. Doch es ist *in ihm*, nicht in mir. Wie Johannes sagt, ist dieses Leben im Sohn. Wer im Sohn bleibt, hat das Leben, und wer nicht in ihm bleibt, hat das Leben nicht.

Übersetzen wir Johannes 3,16 richtig, lautet dieser Vers: „Denn so hat Gott die Welt einmal geliebt, dass er einmal seinen einzigen Sohn gab, damit alle, die weiterhin an ihn glauben, nicht verloren werden, sondern weiterhin ewiges Leben haben." Verändert das für Sie die Bedeutung des Verses? Ich übersetze ihn aus dem Griechischen. Die ersten zwei Verben stehen in der aoristischen Zeitform, die sich auf ein Ereignis bezieht: Er liebte einmal die Welt, er gab einmal seinen Sohn. Doch die beiden anderen Verben stehen in der Verlaufsform der Gegenwart, also: Alle, die weiterhin an ihn glauben, werden weiterhin ewiges Leben haben.

Johannes adressierte sein Evangelium an Christen. Das vierte Evangelium ist nicht dazu bestimmt, einem Ungläubigen in die Hand gedrückt zu werden. Es wurde für reife Christen geschrieben, die den Herrn seit Jahren kennen, damit sie am Glauben festhalten, dass Jesus Gott ist. Denn in Ephesus, wo das Johannesevangelium geschrieben wurde, gab es Menschen wie Kerinth, der einen Jesus predigte, der dem Jesus der Zeugen Jehovas ähnelt. Daher schreibt Johannes: „Wenn man alles, was Jesus gesagt und getan hat, aufschreiben würde, könnte die Welt die Bücher nicht fassen....Doch diese wurden geschrieben, damit ihr weiterhin glaubt, dass Jesus der Sohn Gottes ist, und damit ihr in diesem fortlaufenden Festhalten am Glauben weiterhin ewiges Leben habt." Das zeigt uns das gesamte Evangelium in einem völlig neuen Licht – sogar Johannes 3,16 verändert sich.

Diese beiden falschen Annahmen – erstens, dass Ihre Errettung vollendet war, als Sie zum ersten Mal an Jesus glaubten, und zweitens, dass diese Errettung Ihnen deshalb nicht mehr genommen werden kann – müssen meiner Ansicht nach im Lichte der Bibel erneut geprüft und korrigiert werden.

Als Nächstes betrachten wir die *relative* (und ich schreibe dieses Wort bewusst kursiv) Vernachlässigung der Heiligung aus Glauben. Die Rechtfertigung aus Glauben ist so stark betont worden, dass es im Verhältnis dazu eine Vernachlässigung der Heiligung aus Glauben gab – in einem Wort: Heiligkeit. John Wesley ist einer meiner Helden, weil einer seiner ersten Mitstreiter ein Mann namens John Pawson war, der zu meinen Vorfahren gehört. Er sagte: „Der Methodismus ist öffentlich bekannt geworden, um die biblische Heiligkeit im ganzen Land zu verbreiten." Es gibt Historiker, die behaupten (auch wenn ich diese Meinung nicht teile), dass John Wesley England vor der Französischen Revolution bewahrte, weil er die Heiligungsbewegung verbreitete. Er war der große Prediger der Heiligung aus Glauben, nicht der Heiligung aus Werken. Wie Paulus es formuliert: „Das Evangelium ist Glauben von Anfang bis Ende." Das ist Heiligung aus Glauben.

Ich stelle fest, dass Prediger beim Thema Heiligung in zwei Fallen geraten. Auf der einen Seite vertreten sie die Ansicht, ein heiliger Lebensstil sei nicht notwendig, um in den Himmel zu kommen. Was heute gelehrt wird, kommt schon fast folgender Aussage gleich: Es ist ein optionaler Zusatz, für den es einen Bonus im Himmel geben wird, doch ein heiliger Lebensstil ist weder wesentlich noch gehört er zum Kern des Evangeliums dazu. Im meinem Neuen

Testament allerdings ist Heiligung aus Glauben genauso wichtig, wenn nicht sogar wichtiger als Rechtfertigung aus Glauben. Denn ohne Heiligung wird niemand den Herrn sehen. Mit anderen Worten: Wir müssen ein Evangelium der Heiligung verkünden.

Ich spreche jetzt nicht nur über Theologie oder Theorie, denn ich predige in Hochsicherheitsgefängnissen und Zigeunerlagern in England. Dabei haben Sie es mit Menschen zu tun, die für üble Taten berüchtigt sind. Im Hochsicherheitsgefängnis, das ich regelmäßig besuche, predige ich zu Mördern und Drogendealern, alle von ihnen haben lebenslänglich bekommen. Ich habe noch nie ein besseres Publikum gehabt. Ich kann drei Stunden predigen, und sie wollen immer noch mehr hören, sie sind einfach so hungrig. Doch was ich ihnen anbiete, ist ein Evangelium der Gerechtigkeit, die Gott gibt, ein Evangelium, das schlicht und einfach beinhaltet, ein guter Mensch zu sein. Ich stelle ihnen das Evangelium sowohl als Heiligung als auch als Rechtfertigung vor.

Es geht nicht um den Anspruch: „Dir kann vergeben werden, doch du musst heilig sein." Das ist nicht das Evangelium. Es geht auch nicht um: „Dir kann vergeben werden, und du musst nicht heilig sein". Beide Annahmen sind Verballhornungen des Evangeliums. Mein Evangelium besagt: *Dir kann vergeben werden und du kannst heilig sein.* Wenn ich diesen Männern sage, dass sie Heilige sein können, nicht nur der Bezeichnung nach, sondern auch in ihrem Verhalten, dass sie Menschen sein können, die eines Tages mit Christus auf dem Thron sitzen und andere richten werden – dann sollten Sie ihre Augen sehen. Dasselbe gilt, wenn ich Menschen, die lebenslänglich im Gefängnis sitzen, erkläre, dass sie eines Tages die Richter sein werden! Dann sage ich ihnen: „Dann müsst ihr sehr gerecht sein", weil die meisten von ihnen sich von menschlichen Richtern ungerecht behandelt fühlen.

Für mich bedeutet das Evangelium nicht nur, dass Ihre Sünden vergeben werden können, sondern dass Sie zu einem Heiligen werden können. Sie können zu der Person werden, die Sie schon immer in Ihren besten Momenten sein wollten, nicht nur einen Moment vor Ihrem Tod. Ein Leben im Glauben kann Sie Jesus ähnlich machen. Ich glaube, die relative Vernachlässigung der vermittelten Gerechtigkeit, um die theologischen Begriffe zu verwenden, führt nur zu einem halben Evangelium. Wir bieten den Menschen Gerechtigkeit an, nicht nur Vergebung. Wir bieten ihnen Heiligkeit an. Wenn wir das tun, sollten wir besser selbst dem Evangelium entsprechen, das wir predigen und zeigen, dass wir zu besseren Männern und Frauen gemacht werden.

Das sind einige der Punkte, die wir heute ansprechen müssen, um Luthers Reformation des Evangeliums zu vollenden.

KIRCHE UND STAAT

Ich habe Ihnen schon gesagt, dass ich eher ein Anhänger von Reformation als von Erweckung bin. Ich glaube, der Herr ruft die Kirche auf, Dinge in Ordnung zu bringen, damit er uns dann segnen kann. Die Reihenfolge lautet: erstens Reformation und zweitens Erweckung, soweit ich den Willen des Herrn verstehe. Warum sollte er eine Kirche erwecken, die seinem Wort in aller Öffentlichkeit nicht gehorcht? Ich verstehe nicht, warum wir das von ihm erwarten.

Wir haben Folgendes bereits erkannt: Als Luther sich hauptsächlich auf die Rechtfertigung aus Glauben konzentrierte, kam es zu den vier Fehlentwicklungen, die ich im vorangehenden Kapitel erwähnt habe. Denn wenn Sie eine Doktrin zu stark betonen, werden die anderen vernachlässigt. Die fünfte Auswirkung war, dass er sich fast ausschließlich auf die zweite Person der Dreieinigkeit fokussierte. Ich erinnere mich an die bekannte Unterredung, die er mit Johann von Staupitz führte, seinem Mentor im Kloster. Als Staupitz ihn fragte: „Martin, wenn du Reliquien und Gebete zu den Heiligen hinwegfegst, was wirst du an ihre Stelle setzen?" Luthers klassische Antwort lautete: „Jesus Christus; der Mensch braucht allein Jesus Christus." Das war der Fokus seiner Theologie. Im Vergleich zu Jesus vernachlässigte er daher die dritte Person der Dreieinigkeit. Es blieb dem 20. Jahrhundert überlassen, den Heiligen

Geist in der Praxis wiederzuentdecken. Es geschah am allerersten Tag des 20. Jahrhunderts, dass Studenten einer Bibelschule in Topeka, Kansas, beschlossen, das zweite Kapitel der Apostelgeschichte selbst zu erleben. Dies war eine revolutionäre Idee: dass Pfingsten nicht nur ein historisches Ereignis darstellte und die Geburtsstunde der Gemeinde markierte, sondern ein existentielles Geschehen, dass sich im Leben einzelner Christen wiederholen sollte.

Ich habe bei Luther vergeblich nach irgendeiner Erwähnung der Geistesgaben oder gar der Früchte des Geistes gesucht, und die Taufe im Heiligen Geist wird ganz sicher nicht angesprochen. Diese Dimension wurde erst im 20. Jahrhundert wiederbelebt. Sie war allerdings nicht neu. Wenn Sie die Kirchengeschichte sorgfältig studieren, stellen Sie fest, dass es die ganze Zeit über charismatische Erweckungen oder Erneuerungen gab.

Einer der großen Schutzheiligen in meiner Heimat ist beispielsweise der heilige David von Wales. Vielleicht haben Sie schon von ihm gehört. Man bestimmte oder erwählte ihn dazu, Bischof zu werden. Zu seiner Ordination wollte er nach Jerusalem pilgern, weil er glaubte, er würde eine besondere Salbung empfangen, wenn seine Ordination dort stattfand. Zur damaligen Zeit waren Pilgerreisen ein wichtiger Teil christlicher Frömmigkeit, insbesondere Pilgerreisen ins Heilige Land. Es gab noch keine Jumbo-Jets, daher machte er sich mit zwei Mönchen zu Fuß auf den Weg nach Jerusalem. Ich besitze ein Exemplar des Tagebuchs, das diese beiden Mönche führten. Einer ihrer Einträge lautet: „Der heilige Vater David kam nach Lyon in Gaul, und dort wurde der heilige Vater im Heiligen Geist getauft, wie in den Tagen der Apostel, und er sprach in anderen Zungen, wie in den Tagen der Apostel."

Ich erzähle das den Walisern so gerne, weil sie im Jahr 1904 hängengeblieben sind, doch wir gehen jetzt ins fünfte

Jahrhundert zurück, als David in Zungen redete und im Heiligen Geist getauft wurde. Es war also nichts Neues, doch es war eine große Wiederentdeckung. Die Pfingstbewegung ist heute die schnellstwachsende Strömung des Christentums und wird im 21. Jahrhundert zur größten Denomination werden. All das ist in den letzten 100 Jahren geschehen. Luther jedoch sah dies alles nicht und sprach auch nicht darüber. Er erwartete nicht, dass Christen ihr eigenes persönliches Pfingsten erleben würden oder die Taufe im Heiligen Geist, obwohl alle vier Evangelien mit der Verheißung beginnen, dass Jesus im Heiligen Geist taufen werde. Es ist eine so grundlegende Sache. Johannes der Täufer sagte zwei Dinge über Jesus: Erstens, er ist das Lamm Gottes, das die Sünden der Welt wegnimmt. Zweitens, er wird im Heiligen Geist taufen. Diese beiden Dinge müssen zusammenkommen, denn ein Mensch, aus dessen Leben die Sünde entfernt wurde, der von der Sünde befreit worden ist, befindet sich in einer sehr gefährlichen Lage; es sei denn, er wird mit etwas anderem gefüllt. Es gibt nichts Gefährlicheres als die Situation eines Christen, dessen Leben von der Sünde entleert worden ist. Denn dann gibt es ein Vakuum, das noch mehr Dämonen als zuvor anzieht, sagt Jesus. Daher müssen diese beiden Dinge zusammenkommen.

Interessanterweise hat die Kirche historisch gesehen nur einen dieser beiden Aspekte aufgegriffen, den anderen jedoch vernachlässigt. Auf der ganzen Welt wird das Zitat „das Lamm Gottes, das die Sünden der Welt wegnimmt" in der Liturgie verwendet, doch die Taufe im Heiligen Geist wurde in allen historischen Liturgien der Kirche ausgelassen. Studieren Sie die Bibel aufmerksam, stellen Sie fest, dass Johannes der Täufer nur einmal sagte: „...das Lamm Gottes, das die Sünden der Welt wegnimmt", und zwar in einem Privatgespräch mit zwei Jüngern, während er seine Aussage: „Er wird mit Heiligen Geist taufen" öffentlich und mehrfach getroffen hat. Tatsächlich zeigt der griechische Originaltext, dass er bei jeder Predigt ankündigte, der Täufer im Heiligen Geist würde nach ihm kommen. Ist es daher nicht merkwürdig, dass die Kirche, die eine private Bemerkung gegenüber zwei Menschen so groß herausbrachte und in alle Liturgien der Welt integrierte, gleichzeitig die öffentliche und wiederholte Ankündigung, dass Jesus im Heiligen Geist taufen würde, ignoriert hat?

Johannes dem Täufer war natürlich sehr bewusst, dass seine Taufe beschränkt war. Sie konnte sich nur auf die Vergangenheit der Menschen auswirken, jedoch nichts für ihre Zukunft tun. Bis heute bezieht sich die Hauptwirkung der Wassertaufe auf Ihre Vergangenheit, sie hilft Ihnen nicht mit Blick auf die Zukunft. Dafür benötigen Sie eine andere Taufe: die Taufe im Heiligen Geist. Es ist die dritte Person der Dreieinigkeit, die Heiligung aus Glauben bewirkt. Noch einmal, wir sehen, dass eine Überbetonung von Rechtfertigung aus Glauben, die gleichzeitig Heiligung aus Glauben vernachlässigt, den gesamten Fokus auf Jesus und sein Werk richtet und das Werk des Heiligen Geistes außer Acht lässt. Jesus hat alles getan, was wir für unsere Rechtfertigung brauchen, doch es ist der Heilige Geist, der die Heiligung in uns bewirkt, indem er uns sowohl Reinheit als auch Kraft schenkt. Damit haben wir den fünften Punkt abgehandelt, der heute vernachlässigt wird.

Der Aufruf, *Jesus zu empfangen oder aufzunehmen*, ist zu einem charakteristischen Merkmal moderner Evangelisation geworden. Oft wird berichtet: „Es haben soundso viele Menschen Jesus empfangen." Das ist kein biblischer Begriff. Ab dem Pfingsttag ist das Wort *empfangen/aufnehmen* ausnahmslos von der zweiten auf die dritte Person der Dreieinigkeit übertragen worden. Als Jesus noch auf der Erde war, konnten Menschen ihn aufnehmen oder es bleiben lassen. Sie konnten ihn sprichwörtlich in ihre Häuser aufnehmen.

Johannes 1,12 enthält eine historische Aussage in der Vergangenheitsform, doch sie wird in jeder Broschüre zum Thema: Wie werde ich Christ? verwendet, die ich käuflich erworben habe. Die wörtliche Übersetzung dieses Verses lautet: „Wie viele ihn aber *aufnahmen*", und nicht: „Wie viele ihn aber *aufnehmen*", „...denen gab er", nicht Macht, sondern Autorität [*exousia*] Gottes Kinder zu werden, denen, die an seinen Namen glauben." Es steht dort nicht, wie viele Prediger behaupten: wie viele ihn aber aufnehmen. Im Kontext steht das Verb in der Vergangenheit: „Er kam in das Seine, und die Seinen nahmen ihn nicht an; so viele ihn aber aufnahmen, denen gab er die Vollmacht, Kinder Gottes zu werden, denen, die an seinen Namen glauben" (ELB). Es ist kein Vers, der heutzutage bei der Evangelisation verwendet werden sollte. Denn als er noch auf der Erde war, konnte man ihn aufnehmen, ihn in das eigene Haus einladen. Doch nachdem er in den Himmel aufgefahren ist und jetzt zur Rechten des Vaters sitzt, können Sie ihn nicht aufnehmen. Sie können seinen Stellvertreter auf Erden empfangen, der seinen Platz eingenommen hat, den Heiligen Geist.

Dabei geht es nicht nur um die korrekte Formulierung. In der Evangelisation ist es zu einer tiefgreifenden Veränderung gekommen, da man jetzt von der zweiten Person der Gottheit spricht, als wäre sie die dritte. Um es ganz einfach zu sagen: Wenn wir einen am Glauben Interessierten beraten, müssen wir ihm bei Folgendem helfen: Gott gegenüber Buße zu tun, an Jesus zu glauben und den Heiligen Geist zu empfangen. Überprüfen Sie meine Aussage anhand der Bibel. Die Apostel, die das Evangelium verkündeten, forderten die Menschen niemals auf, Jesus aufzunehmen, oder, noch schlimmer, ihn in ihr Leben oder in ihr Herz einzuladen. Keiner dieser Begriffe kommt aus dem Neuen Testament. Sie stammen alle aus der amerikanischen Erweckungsbewegung des 19. Jahrhunderts. Unsere Evangelisationen sind so tiefgreifend durch Geschehnisse jenseits des Atlantiks beeinflusst worden, dass wir leider alle auf diese Methode verfallen sind und Menschen aufgefordert haben, Jesus anzunehmen, ihn in ihr Leben einzuladen oder das eigene Leben Jesus zu geben. Warum kehren wir nicht zum Neuen Testament zurück und sagen: „Tut Buße gegenüber Gott, glaubt an den Herrn Jesus und empfangt den Heiligen Geist"? Mit anderen Worten: Evangelisation, die der Lehre des Neuen Testaments entspricht, sollte von Anfang an den Interessierten in eine Beziehung zur Dreieinigkeit bringen.

Jemand sagt jetzt vielleicht: „Ja, an diesem Punkt haben Sie Recht, doch was ist mit Offenbarung 3: ‚Siehe, ich stehe vor der Tür und klopfe an?'"

Worum geht es dabei? Dieser Vers hat nichts mit Evangelisation zu tun.

„Stimmt, aber damit, Jesus zu empfangen."

Auch damit hat er nichts zu tun; dieser Vers richtet sich an eine Gemeinde. Es ist eine prophetische Verheißung: Wenn Jesus Ihre Gemeinde verlassen hat, kann ein Mitglied ihn wieder hereinholen. Sie richtet sich an Christen und ist an eine Gemeinde adressiert.

Ich habe mein Buch *Wiedergeburt. Start in ein gesundes Leben als Christ* geschrieben, weil ich überall eine Erfahrung machte, die mich belastete: Christen waren nicht auf die richtige Art wiedergeboren worden. Ein Evangelist ist eine Hebamme. Es ist sehr wichtig, wie Menschen zu Christus kommen, nicht nur um ihrer selbst willen, sondern weil sie ihre eigene Bekehrungserfahrung an andere Menschen weitergeben werden. Das ist das Problem. So erwähnt Billy Graham beispielsweise kein einziges Mal die Taufe, obwohl er selbst dreimal getauft wurde. Er kann ein ganzes Buch über Wiedergeburt scheiben und erwähnt die Taufe mit keinem Wort, was verblüffend ist, wenn Sie darüber nachdenken. Die Taufe spielte keinerlei Rolle bei seiner

Bekehrung. Die Art, wie er zu Jesus kam, entspricht also der Art, wie er andere zu Jesus führt.

Ich habe festgestellt, dass Evangelisten ausnahmslos versuchen, andere so in das Reich Gottes hineinzubringen, wie sie selbst hineingekommen sind. Das gilt für uns alle. Mir ist aufgefallen, dass viel Christen Probleme haben, weil sie ein wichtiges Element ihres Geburtsprozesses nicht erlebten und sich daher zu kränklichen oder schwachen Christen entwickelten, weil sie keinen guten Start hatten. Ich ging sogar einmal zur Hebamme, die für unseren Bezirk zuständig war, und fragte sie: „Schreiben Sie mir bitte auf, was wir bei der Geburt eines Säuglings tun müssen." Ich war überrascht; ich dachte, man zieht ihn einfach heraus. Doch sie überreichte mir vier engbeschriebene Seiten mit Anweisungen, wie man ein Kind zur Welt bringt. Es gab also eine Entsprechung zur Wiedergeburt in dem, was sie mir mitgeteilt hatte.

In meinem Buch vertrete ich nun die These, dass Sie Menschen, die Sie ins Reich Gottes hineinbringen wollen, bei vier Dingen helfen müssen: gegenüber Gott Buße zu tun, an den Herrn Jesus zu glauben, den Heiligen Geist zu empfangen und im Namen des Vaters, des Sohnes und des Heiligen Geistes getauft zu werden. Nur wenn wir alle vier Dinge getan haben, haben wir einen Christen richtig zur Welt gebracht. Ich begegne so vielen Christen mit Problemen. Sie kommen zu mir und fragen mich: „Können Sie mir mit diesem Problem helfen?" Ich antworte ihnen: „Bevor wir über Ihr Problem reden, erzählen Sie mir, wie Sie wiedergeboren wurden. Berichten Sie mir von Ihrer Bekehrung." Ich überprüfe dann, ob alle diese vier Elemente vorhanden waren. Ausnahmslos finde ich eines, zwei oder drei, die bei ihrer Wiedergeburt gefehlt haben.

Was mir am meisten Sorgen macht ist, dass es sehr wenig oder keine Buße gegeben hat. Ein Bekehrungsgebet von 30

Sekunden ist keine Buße, wirklich nicht. Dabei hat es keine Werke der Buße gegeben. Sie können meinen Ansatz zur Wiedergeburt in dem erwähnten Buch nachlesen. Es gilt mittlerweile als Klassiker und gehört in vielen Bibelschulen zum Unterrichtsstoff. Gott sei Dank dafür. Lesen Sie Hebräer, Kapitel 6. Dort steht es geschrieben.

Als ich mein Buch schrieb, kaufte ich mir 36 Broschüren von bekannten Evangelisationswerken zum Thema: Wie werde ich Christ? In jeder einzelnen Broschüre kamen diese beiden Verse vor: Johannes 1,12 und Offenbarung 3,20. Beide von ihnen sind irrelevant, wenn es darum geht, einem Interessierten zu helfen, in das Reich Gottes hineinzukommen.

Ich werde emotional, wenn ich darüber spreche, doch ich bin so vielen Christen mit Problemen begegnet, die alle nur eines getan haben: Sie haben an Jesus geglaubt. Zu ihnen sage ich dann: „Jetzt wollen wir Sie richtig zur Welt bringen und die Lücken ausfüllen." Wenn wir das tun, wird ihr Problem entweder kleiner oder es verschwindet ganz. Es ist auf ihren Geburtsprozess als Christ zurückzuführen, dass sie nicht korrekt behandelt und nicht richtig zur Welt gebracht worden sind. Das ist also das Problem. Dieses Buch ist wahrscheinlich das wichtigste, das ich geschrieben habe. Wie schon gesagt, Evangelisten verwenden es jetzt. Ich bekomme einen Brief nach dem anderen von Pastoren und Evangelisten, in dem es heißt: „Die Bekehrungen haben wirklich eine so viel bessere Qualität. Die Menschen werden zu wirklich kräftigen, gesunden Babys, die schneller wachsen und reif werden."

Betrachten wir einen weiteren Vers, den wir wirklich nutzen sollten. Als Petrus die erste evangelistische Predigt zu Pfingsten hielt, fragten ihn seine Zuhörer: „Was sollen wir tun?" Das Schlüsselwort lautet hier „tun". Ihnen wurde gesagt, was sie tun sollten: „Tut Buße und jeder von euch lasse sich taufen auf den Namen Jesu Christi zur Vergebung eurer Sünden, so werdet ihr empfangen die Gabe des Heiligen Geistes" (Apostelgeschichte 2,38). Das ist ein ziemlich vollständiger Vers, um am Glauben Interessierte zu beraten, doch ich habe noch nie gesehen, dass er in der modernen Evangelisation genutzt worden wäre. Ist das nicht erstaunlich? Ich nenne ihn die „Petrus-Packung". Mittlerweile verwenden viele Menschen nun die Petrus-Packung, um einem Interessierten weiterzuhelfen: tue Buße, glaube, lasse dich taufen, empfange die Gabe des Heiligen Geistes. Beachten Sie, dass sich das Empfangen auf den Heiligen Geist bezieht. Das ist zweifellos die Methode, die alle unsere evangelistischen Tätigkeiten bestimmen sollte, doch sie wird von den meisten heutigen Evangelisten sorgfältig vermieden. Doch so sah die Antwort des Petrus aus.

Bisher haben wir über das Evangelium gesprochen, was wir als Botschaft predigen, und wie wir Errettung verkünden und sie beim Predigen umsetzen. Doch jetzt wenden wir uns einem viel kontroverseren Thema zu. Hier werde ich wieder direkt den Schmerzpunkt treffen. Wir werden darüber nachdenken, wie wir Gemeinde *leben*.

Jetzt beschäftigen wir uns nicht nur mit der individuellen Seite der Reformation und Errettung, sondern mit dem gemeinschaftlichen Aspekt der Reformation, was im 21. Jahrhundert dringend vonnöten ist. Wir wollen eine christliche Gemeinde, die Bestand hat. Ich werde Ihnen beschreiben, wie meiner Ansicht nach Gottes Vorstellung einer Kirche aussieht, die im 21. Jahrhundert auf Kurs bleiben wird. Es ist ein ganz anderes Jahrhundert. Wir befinden uns jetzt in einem völlig anderen Kontext als im 20. Jahrhundert. Ich werde das im Lauf meiner Ausführungen näher erläutern.

Ich habe die letzten fünf Reformationspunkte mit einem Blick auf die Wiederentdeckung des Heiligen Geistes im 20. Jahrhundert abgeschlossen. Sie hat zweifellos unser Verständnis von Gemeindeleben beeinflusst. Diese Wiederentdeckung hat zu Veränderungen des Gemeindelebens geführt, die fast jede Kirche betreffen. Zunächst eine oberflächliche Beobachtung: Sehr viele Kirchen oder Gemeinden haben jetzt eine kleine Band von Musikern oder ein kleines Orchester, das durch Sänger und Mikrophone verstärkt wird. Es ist erstaunlich: Selbst die ältesten und konservativsten Gemeinden haben diese Art des Lobpreises übernommen.

Wir leben jetzt in einem globalen Dorf. Kommunikation bedeutet, dass ein neues Lied, das in Neuseeland verfasst wurde, innerhalb von drei Monaten auf der ganzen Welt gesungen wird. Es ist ziemlich erstaunlich, wie wir einander weltweit kopieren. Das geschieht mit jedem neuen Trend. Sobald man anfing, im Lobpreis Flaggen zu schwenken, ging das innerhalb weniger Monate um die ganze Welt. Kaum hatten wir Mikrophone und Verstärker, lebte ich gefährlich! Auf den meisten Bühnen, auf denen ich spreche, fühle ich mich, als stünde ich mitten in einer Telefonvermittlung, überall Kabel, die sich um meine Füße schlingen! Das alles ist neu, und die Technologie verbreitet alles so schnell.

Ich stürze mich in den ersten großen Punkt zum Thema Reformation. Ich glaube, die Tage der Staatskirchen sind vorbei. Sie werden das Ende des 21. Jahrhunderts nicht mehr erleben. Anhand eines kurzen historischen Überblicks möchte ich das näher erläutern. Zur Zeit des Alten Testaments waren Religion und Staat in Israel eins, was wir eine „Theokratie" nennen. Dabei wurden die Gesetze nicht von einer Regierung aufgestellt, sondern von Gott selbst. Gott regierte Israel. Sie konnten gegen seine Regierung rebellieren, doch er war der Regent, der einzige, den sie kannten.

Daher besteht das mosaische Gesetz aus einer Mischung von zeremoniellen, liturgischen, strafrechtlichen und zivilrechtlichen Vorschriften. Man kann sie nicht wirklich auseinanderhalten. Sie sind im mosaischen Gesetz völlig durcheinandergewürfelt. In einem Moment geht es um Verbrechen, dann um das Familienleben, dann wiederum um die Regierung Israels und die Könige Israel. Es ist völlig miteinander verzahnt. Sie können versuchen, es auseinanderzunehmen, doch Sie werden das Wort Gottes dabei zerstören, weil es völlig miteinander verbunden war – unter derselben Herrschaft. Das bedeutet, dass es für sie rechtens war, für die Errichtung und Verteidigung Israels physisch zu kämpfen. Doch wenn Sie sich dem Neuen Testament zuwenden, gibt es eine radikale Trennung von Religion und Staat. Sie geben dem Kaiser, was dem Kaiser gehört, und Gott, was Gott zusteht. Es gibt zwei unterschiedliche Treuepflichten. Martin Luther machte aus dieser doppelten moralischen Verpflichtung eine große Sache: die Pflicht des Christen gegenüber dem Staat, in dem er lebt, und gegenüber der Kirche, zu der er gehört.

Im Neuen Testament ist also das Reich Gottes nicht von dieser Welt. Das bedeutet nicht, es sei *phantastisch*, sondern es *entstammt nicht dieser Welt* – und daher sind die Diener Jesu nicht beauftragt, für es zu kämpfen. Jesus sagte zum Beispiel: „Meine Diener würden dafür kämpfen, wenn mein Reich von dieser Welt wäre." 300 Jahre lang waren Kirche und Staat völlig getrennt voneinander. Natürlich bedeutete es Verfolgung, weil das Christentum im Römischen Reich lange als *religio illicita* (unerlaubte Religion) galt, während das Judentum akzeptiert wurde.

Das Römische Reich war synkretistisch. Eroberten die Römer ein weiteres Volk, stellten sie den Gott dieses Volkes neben allen anderen im sogenannten Pantheon auf, dem großen Gebäude, das Sie heute immer noch besuchen können. Natürlich weigerten sich die Juden, das zu tun.

Sie sagten: „Nein, wir verehren den einzig wahren Gott."
Erstaunlicherweise wurden sie trotzdem offiziell anerkannt.
Man nannte sie „Atheisten", weil sie nicht an das römische Pantheon der Götter glaubten, doch sie waren eine *religio licita*, eine rechtmäßige Religion mit der uneingeschränkten Erlaubnis, sie auch zu praktizieren.

Zuerst wurden die Urchristen als Teil des Judentums angesehen, als eine jüdische Sekte. Daher standen sie unter dem Schutzschirm einer rechtmäßigen Religion. Doch als die Nichtjuden Christen wurden und die Gemeinde sich deutlich zu einer andersartigen religiösen Vereinigung als das Judentum entwickelte, stellte sich die Frage: Würde das Römische Reich das Christentum anerkennen? Die Antwort lautete: Nein. Das bedeutete für viele der frühen Christen natürlich Martyrium und Tod. Einmal im Jahr, an einem Tag, der „Tag des Herrn" oder wörtlich „Herrlicher Tag" genannt wurde, musste jeder römische Bürger vor einer Büste Caesars stehen, seinen rechten Arm erheben, Räucherwerk auf den Altar streuen und sagen: „Caesar ist Herr" – drei kleine Worte. Christen weigerten sich, das zu sagen, und bezahlten dafür mit ihrem Leben, sie starben einen furchtbaren Tod.

Darum geht es in Offenbarung, Kapitel 1: „Ich wurde vom Geist ergriffen am Tag des Herrn" (Offenbarung 1,10). Damit ist nicht der Sonntag gemeint. Wenn Sie diesen Begriff nachschlagen, stoßen sie auf den „Herrlichen Tag", den Tag, an dem sie alle sagen mussten: „Caesar ist Herr". Die gesamte Offenbarung ist wirklich ein Handbuch für Märtyrer, um die Gemeinden auf diese Krise vorzubereiten, in der sie sich weigerten, zu sagen: „Caesar ist Herr", und eine unrechtmäßige Religion praktizierten. Diese Phase dauerte, mit mehr oder minder schweren Schüben der Verfolgung, 300 Jahre lang an.

Die Gemeinde wuchs nie wieder so schnell wie in diesen 300 Jahren. Heute wächst die Gemeinde, die unter Druck steht, in Quantität und Qualität. Befindet sie sich nicht unter Druck, schrumpft sie. Ich könnte das anhand vieler Beispiele auf der ganzen Welt illustrieren.

Für eine Kirche, die verfolgt wird, ist das Blut der Märtyrer der Same der Gemeinde. Das gilt immer noch. In einem der letzten Jahre gab es geschätzte 264 000 Märtyrer für Jesus. Das betrifft jedoch nicht Teile der Welt, in denen die Kirche sozial und politisch akzeptiert wird, auch wenn die Zahlen dann abnehmen. Ich beneide die Christen, die verfolgt werden.

Ich weiß noch, wie ich die Tschechoslowakei besuchte, als sie noch hinter dem Eisernen Vorhang lag. Ich sagte zu den dortigen Kirchenmitgliedern: „Wir beten für euch." Sie waren total überrascht. Später kamen sie zu mir und sagten: „Ihr betet für uns? Wir beten für euch. Ihr seid viel bedürftiger als wir." Ihre Gemeinden waren zweifellos überfüllt, obwohl es sie einen hohen Preis kostete, sie zu besuchen. Ich kehrte nach England in leere Gemeinden zurück. Mir wurde bewusst, wie von oben herab ich sie behandelt hatte, als ich sagte: „Wir beten für euch."

Ich war mit 120 Pastoren in Ostdeutschland zusammen, die mir sagten: „Bring uns Honecker zurück." Ich sagte: „Aber Honecker war ein kommunistischer Diktator." „Ja", antworteten sie, „doch die Gemeinden waren früher viel besser. Jetzt ist alles, was unsere Mitglieder wollen, ein viertklassiger Mercedes. Damals wollten sie beten." Diese 120 Pastoren bedauerten den Fall der Berliner Mauer und den Abgang des Kommunismus. Es erschütterte mich einfach, dass sie so dachten. In meiner Naivität hatte ich angenommen, sie würden die Freiheit begrüßen. Ganz im Gegenteil, jetzt wurden sie von dem Materialismus und der Konsumhaltung des Westens überrollt. Die geistliche Qualität ihrer Gemeinden hatte stark nachgelassen. Als Pastoren waren sie sehr besorgt.

Kehren wir zum Thema zurück. War es das Beste oder das Schlimmste, was der Gemeinde passieren konnte, dass der Römische Kaiser sich bekehrte? Das ist eine sehr umstrittene Frage. Zum ersten Mal hatten Christen politische und sogar militärische Macht. Das Christentum konnte den Menschen nun vom Staat aufgezwungen und als offizielle Religion gefördert werden. Die Situation kehrte sich also vollständig um. Kirche und Staat wurden wieder miteinander verbunden. Das blieb für die nächsten 1000 Jahre so.

Interessanterweise schrieb der heilige Augustinus ungefähr ein Jahrhundert später *Die Stadt Gottes*. Wenn Sie das Buch aufmerksam lesen, erkennen Sie, dass er den Zusammenbruch des Römischen Reiches thematisiert. Allerdings sagt er, dass aus diesem Kollaps eine neue Staatskirche/ein neuer Kirchenstaat entstehen werde. Augustinus war der erste große Theologe der Kirche, der Gewaltanwendung durch Christen rechtfertigte. Er entwarf die Theorie des gerechten Krieges. Er griff auch ein Wort aus einem Gleichnis Jesu heraus, wo der Herr sagte: „Geht hinaus an die Hecken und Zäune und nötigt sie, hereinzukommen." Er nahm das Wort *nötigt* als Grundlage für eine ganze Theologie: dass Gewalt oder Überredung gerechtfertigt sei, wenn sie zu geistlichen Zwecken geschieht. Das führte natürlich zwangsläufig zu Dingen wie der Inquisition, den Kreuzzügen und der christlichen Anwendung politischer und militärischer Gewalt. Das war eine riesige Veränderung. Bis zu Kaiser Konstatin hatten Christen noch nie irgendeine weltliche Macht ausüben können. Sie mussten sich einzig und allein auf die Macht des Heiligen Geistes verlassen. So begann ein tausendjähriger Konflikt zwischen heiligen römischen Eroberern und Päpsten, wer von ihnen der Stärkere war.

Ich vereinfache die Geschichte des Mittelalters sehr stark, doch es gibt jetzt eine Spannung zwischen Kirche und Staat, weil beide so eng miteinander verbunden sind, dass sie sich gegenseitig kontrollieren wollen. Manchmal hatte der heilige römische Kaiser die Oberhand, manchmal der Papst. Genau in diese Situation wurde Martin Luther hineingeboren. Seit tausend Jahren hatte der Staat religiöse Entscheidungen für seine Bürger getroffen. Wenn die Staatslenker etwas bestimmten, mussten die Bürger folgen. Hauptsächlich diese Macht nutzte Luther, um den Protestantismus nach Nordeuropa zu bringen. Wechsle die Herrscher aus, und ihr Staat würde sich ebenfalls wandeln müssen. Sie tauschten den sächsischen Kurfürsten aus, und Sachsen wurde zu einem protestantischen Staat. Mit anderen Worten, Reformen wurden von oben durchgedrückt. Die Macht, der man sich bediente, um die Reformation zu verbreiten, war die Staatsgewalt.

Wir bezeichnen die Reformatoren der Reformation als „obrigkeitlich": Sie nutzten die Macht des Staates, um die Reformation durchzusetzen. Doch erneut bestand die Spannung in der Frage, wer stärker war: der Staat oder die Kirche? Bei Luther stand der Staat über der Kirche, während bei Calvin in Genf die Kirche über dem Staat stand. Allerdings hatten beide eine Verzahnung von Staat und Kirche geerbt, gegen die keiner von beiden wirklich etwas unternahm. Stattdessen behielten sie das Konzept einer Staatskirche bei.

Um das Jahr 1000 wandten sich beispielsweise viele europäische Staaten vom Heidentum ab und nahmen das Christentum an – in der katholischen Form oder in einer keltischen Variante aus Irland. Später, zur Zeit der Reformation, wurde in Nordeuropa ein Staat nach dem anderen protestantisch; nicht, weil die Menschen sich veränderten oder der Heilige Geist eine Änderung bewirkte, sondern weil der Staat jetzt diese neue protestantische Religion annahm. Die Reformatoren waren in Nordeuropa bei weitem erfolgreicher als im Süden, der streng katholisch blieb. In der Schweiz wurden die nördlichen Kantone protestantisch, während die südlichen am Katholizismus festhielten. Diese Spaltung besteht bis heute, und natürlich bekämpften sie sich damals. Zwingli, der im Bekanntheitsgrad der Reformatoren an dritter Stelle stand, starb im Kampf. Ich habe sein Denkmal auf dem Schlachtfeld in der Schweiz besucht und daran gedacht, dass er zu den Waffen griff, um den Protestantismus gegen eine katholische Armee zu verteidigen, was ihn sein Leben kostete. Bis heute gibt es die Schweizer Garde im Vatikan, die den Papst bewacht, in den Uniformen des Mittelalters. Die Lage ist also sehr durchmischt.

Von Luther haben wir also die Idee einer vom Staat geführten Kirche übernommen. Sie verbreitete sich nach England, Norwegen, Schweden, Dänemark und auch in Deutschland. In meiner Heimat gibt es eine Abweichung, weil Schottland sich an Genf orientierte und Calvin folgte. Dort stand die Kirche folglich über dem Staat, ganz im Gegenteil zu England, was dazu führte, dass Heinrich VIII. sich mit dem Papst entzweite und sich selbst zum Oberhaupt der Anglikanischen Kirche erklärte. Nach Heinrich VIII. gab es dann vier Wechsel, vom Katholizismus zum Protestantismus, zurück zum Katholizismus, wieder zum Protestantismus und damit einhergehend schreckliche Verfolgung, als jeder Regent versuchte, dem Staat seine Religion aufzuzwingen. Maria I. versuchte, den Römischen Katholizismus mit Gewalt wieder einzuführen, gefolgt von Elisabeth I., die sich bemühte, eine Mischung aus Luthertum und Anglikanismus zur Staatsreligion zu machen. Das haben wir nun geerbt.

Doch ich möchte Ihnen mit allem Nachdruck, zu dem ich fähig bin, sagen: Die Tage der Staatskirche sind gezählt. Staatliches Christentum, bei dem sich christlicher Glaube mit weltlicher Macht verbindet, ist längst tot. Das Problem ist, dass wir alle damit aufgewachsen sind, Unterstützung sogar finanzieller Art vom Staat zu erhalten, ebenso wie sonstige Förderung. Das alles verändert sich schnell. Es liegt daran, dass die Regierungen demokratischer Staaten immer nichtchristlicher, ja sogar antichristlicher werden, insbesondere wenn eine linke Regierung an die Macht kommt. Das setzt die Kirche in Fragen der Lehre und Ethik unter fürchterlichen Druck, wenn es darum geht, klare Entscheidungen für die Zukunft zu treffen.

Daher können wir uns nicht länger auf staatliche Unterstützung oder Förderung verlassen, um die Kirche am Leben zu erhalten. Wir müssen uns jetzt auf die Zeiten vorbereiten, in denen es damit vorbei sein wird. Die Dinge entwickeln sich bereits in Schweden und in Deutschland in diese Richtung, und diese Entwicklung wird auch nach Norwegen kommen. Wir müssen unsere Gemeindeglieder darauf vorbereiten. Wie können wir das tun? Die christliche Gemeinde in China, die das Modell der „dreifachen Selbsterhaltung" praktiziert, kann uns als Modell dienen. Sie ist selbstverwaltend, selbstvermehrend und selbsttragend. Wir werden unseren Mitgliedern beibringen müssen, dass sie für alles bezahlen müssen, was die Gemeinde ist und tut. Wir werden das neutestamentliche Geben entwickeln müssen. Nicht den Zehnten zu geben – das ist ein Ansatz aus dem Alten Testament – sondern das wahre Geben, was oft viel großzügiger und selbstloser ist.

Wir müssen unsere Mitglieder auf Verfolgung vorbereiten. Angesichts dieser ganzen Entwicklung befinden wir uns nun immer mehr in den Händen von gottlosen Staaten und gottlosen Politikern, deren Religion der Relativismus ist und deren Manifest Multikulturalismus lautet. Daher sind wir in einer völlig neuen Situation, in der Beziehungen zwischen Staat und Kirche nicht mehr tragen. Wir müssen unsere Gemeinden jetzt entsprechend umgewöhnen, sonst werden sie nicht überleben, wenn die staatliche Unterstützung wegfällt. Genau das sage ich Menschen in unserem Land, in dem einige Anglikanische Geistliche aus Kapitalanlagen bezahlt werden. Doch wir haben auch „steuerbegünstigte Spendenfinanzierung". Wenn ich der Gemeinde eine Spende mache, wird die Regierung die Steuer, die ich für diesen Betrag gezahlt habe, der Gemeinde zurückerstatten. Das ist eine Art, wie wir staatliche Unterstützung erhalten. Ich rate Gemeinden: „Wenn ihr durch dieses System viele Steuererstattungen erhaltet, transferiert dieses Geld nicht auf euer laufendes Konto. Nutzt es nur für Investitionen, sodass die Mitglieder lernen können, die laufenden Kosten durch ihre Spenden zu decken." Wird nämlich diese Steuererstattung abgeschafft, was sehr wahrscheinlich ist, werden wir alle Privilegien, die wir durch die Staatsreligion genossen haben, noch in diesem Jahrhundert verlieren. Dessen bin ich absolut sicher.

Ich glaube, in der Kirchengeschichte schließt sich der Kreis, und wir kehren praktisch zu den Zuständen im Römischen Reich zurück. Die Gemeinde wird zu einer verfolgten Minderheit, und ich freue mich darüber; dann wird sie wachsen. Doch wir (insbesondere einige junge Leute) werden uns daran gewöhnen müssen, uns in derselben Situation wiederzufinden wie die Kirche in den ersten Jahrhunderten, bevor es ihr gelang, politische Autorität zu bekommen. Das ist nun meine Voraussage. Prüfen und erwägen Sie das mit dem Herrn. Bitte glauben Sie nichts, was ich sage, es sei denn Gott bestätigt es Ihnen. Wir werden uns daher allein auf den Heiligen Geist verlassen müssen sowie die Großzügigkeit und Unterstützung des Volkes Gottes.

Als ich vor zehn Jahren anfing, die englischen Gemeinden zu fragen: „Bereitet ihr eure Mitglieder auf Verfolgung vor?", wurde ich ausgelacht. Sie hielten das für lächerlich, weil wir in einem Land aufgewachsen sind, das ein christliches Land sein sollte, bzw. wo das Christentum wenigstens respektiert wurde, zum nationalen Selbstverständnis gehörte und stark bevorzugt wurde. Ich konnte mir nicht vorstellen, dass ich miterleben würde, wie Prediger des Evangeliums in England ins Gefängnis gesteckt werden. Doch das ist erst kürzlich geschehen. Aufgrund der fortschreitenden Übernahme unseres Landes durch den Islam geraten wir natürlich unter den Druck der Scharia. Die Hauptverfolgung kommt durch den Islam und geschieht bereits jetzt.

Ein Freund von mir hing ein Poster mit der Aufschrift: „Jesus ist der einzige Weg zu Gott" vor seiner Kirche auf. Wegen des islamischen Drucks in dieser Nachbarschaft begann die Verfolgung sofort. Die aktuelle antichristliche Gesetzgebung ist wirklich außergewöhnlich; wir verlieren die Meinungsfreiheit in England. Ich bin in juristischen Schwierigkeiten, weil ich gewisse Bücher geschrieben habe. Meine Verleger müssen mit Anwälten beraten, um einige meiner Bücher zu verteidigen. Das einzige Element, das in einem meiner Bücher als problematisch angesehen wurde, war die Aussage, dass homosexuelle Praxis in Gottes Augen falsch sei. Doch im Parlament wurde ein Gesetzentwurf eingebracht, der Folgendes bedeutet hätte: Wenn irgendjemand sich durch das, was du schreibst, angegriffen fühlt, kann das zu strafrechtlicher Verfolgung führen. Die Meinungsfreiheit wird es in meiner Heimat bald nicht mehr geben und zwar sehr schnell, und das bedeutet auch die Freiheit, das Evangelium und christliche Moralvorstellungen zu predigen. Daher erwarten mich leider juristische Probleme, doch ich bin bereit. Es macht mir nichts aus, selbst vor Gericht zu erscheinen, doch ich will nicht, dass andere es meinetwegen tun müssen. Es wird tatsächlich etwas kompliziert.

Wir kehren also wieder in die Vergangenheit zurück, als das Christentum eine *religio illicita* war. Angesichts des Relativismus, Synkretismus und Multikulturalismus sind wir jetzt die Minderheit, die nicht dazugehört. Unsere Gemeindeglieder sind jedoch noch nicht darauf vorbereitet. Wussten Sie, dass ein Ermittlungsbüro in London beauftragt worden ist, eine vertrauliche Akte über das Privatleben aller bekannten christlichen Leiter anzulegen, damit sie öffentlich gedemütigt werden können? Das gibt Ihnen den wichtigsten Ansatz, um Menschen auf Verfolgung vorzubereiten: Stellt sicher, dass ihr ein heiliges Leben führt und nicht an den Pranger gestellt und geschwächt werden könnt, weil man bestimmte Dinge über euch weiß. Bereiten Sie Ihre Mitglieder darauf vor, indem Sie sie auffordern, ein gerechtes Leben zu führen. Für einen Christen ist es eine Ehre und ein Privileg, wenn man ihm ein gottesfürchtiges Leben zur Last legt; der Ungerechtigkeit bezichtigt zu werden, ist eine Schande. Lesen Sie den 1. Petrusbrief sorgfältig durch.

Das ist die erste große Reformation der Gemeinde: Ich glaube, wir müssen darauf hinarbeiten, entsprechend beten und akzeptieren, dass die Kirche des 21. Jahrhunderts keine Staatskirche sein wird und auch unsere Mitglieder darauf vorbereiten. Was die Anglikanische Kirche betrifft, so zerfällt sie, sie verliert pro Woche 1000 Mitglieder. Viele Gemeinden schließen. Es ist nur eine Frage der Zeit, bis viele weitere von ihnen schließen müssen, weil ihre Mitglieder immer älter werden. Methodisten machen in England zwei Gemeinden pro Woche zu, während Muslime zwei Moscheen pro Woche eröffnen. Das passiert gerade in meiner Heimat. Viele Moscheen sind frühere Methodistenkirchen – können Sie das glauben?

Leere Kirchen, die einst voller Menschen waren, werden zu Möbelhäusern, Jugend- oder Gemeindezentren. Dieser Schwund ist erschütternd. Allerdings gibt es einzelne Gemeinden innerhalb der Anglikanischen Kirche, die blühen und gedeihen. Falls Sie den Alpha-Kurs verwenden: er kommt aus einer Anglikanischen Kirche in London mit dem Namen *Holy Trinity Brompton*. Diese Gemeinde ist sehr lebendig. Doch sie kann auf 12 Millionen Menschen zurückgreifen. Die blühenden Gemeinden befinden sich normalerweise in großen Stadtzentren, wo sie viele Menschen erreichen können. Diese Gemeinden werden zwar überleben, doch sie werden zu Freikirchen werden und einfach nicht mehr zur offiziellen Anglikanischen Kirche gehören.

Wenn Prinz Charles zum König gekrönt wird (sollte das jemals passieren), so werden natürlich viele Religionen erstmals an der Krönungszeremonie teilnehmen. Er will einen seiner königlichen Titel ändern: „Verteidiger des Glaubens". Allerdings kennen nur wenige Engländer die Geschichte dieses Titels. Er wurde Heinrich VIII. vom Papst dafür verliehen, dass er ein Buch gegen Luther schrieb. Den Titel gibt es noch, er steht auf unseren Münzen: „Verteidiger des Glaubens", doch damit war der römisch-katholische Glaube gemeint, nicht der protestantische, auch wenn viele glauben, letzterer sei gemeint. Charles hingegen hat sehr deutlich gemacht, dass er diesen Titel in „Glaubensverteidiger" umwandeln wird, also nicht Verteidiger „des Glaubens", sondern jeden Glaubens. Charles spricht sich mittlerweile offen für den Islam aus. Einer unserer früheren Premierminister, Gordon Brown, hielt eine Rede, in der er ziemlich offen bekannte, der Islam sei die Antwort auf Englands Probleme. Man fragt sich wirklich, was da los ist.

Um dieses Thema anzusprechen, habe ich ein Buch mit dem Titel *Die Herausforderung des Islam für Christen* geschrieben. Bei seiner Veröffentlichung wurde es skeptisch aufgenommen. Mittlerweile reagieren die Menschen ganz anders darauf. Sie rufen mich fast täglich an und sagen: „Es geschieht alles genau so, wie Sie es beschrieben haben." Die Fortschritte des Islam werden allerdings im Allgemeinen viel zu wenig beachtet.

Ich möchte Ihnen nur eine kleine persönliche Erfahrung weitergeben. Ich saß in einem Gottesdienst und dachte an nichts Böses, als mich plötzlich ein klarer Gedanke überwältigte: England wird zu einem islamischen Land werden. Ich behielt es sechs Monate für mich und erzählte niemandem davon, nicht einmal meiner Frau. Es war einfach zu viel. Wenn Sie an Ihre Enkel denken und sich fragen, was mit ihnen geschehen wird...

Wie dem auch sei, nach sechs Monaten ging ich zu mehreren geistlichen Leitern in England, beriet mich mit ihnen und sagte: „Das habe ich in meinem Geist wahrgenommen. Was denkt ihr darüber?" Jeder einzelne von ihnen sagte: „David, das kommt vom Herrn, und du musst damit an die Öffentlichkeit gehen." Noch nie haben so viele Menschen mich darin unterstützt, meinen Kopf zu riskieren, doch genau das taten sie. Ich organisierte also eine Videoaufzeichnung meiner Botschaft, und 120 Personen meldeten sich an, weil ich gerne vor Publikum spreche; ich bin nicht gut darin, in eine Kamera zu sprechen. Sie meldeten sich an, und wir gaben 3000 Pfund für die Filmausrüstung aus. Alles war vorbereitet, doch wenige Tage vor dem Termin erlitt ich einen Schlaganfall und konnte nicht mehr sprechen. Ich ließ jeden erdenklichen Test über mich ergehen. Hirn-Scan, Blutzucker, Cholesterinspiegel: Alles war absolut normal. Aber man sagte mir: „Drei Nerven in Ihrem Schädel sind zerstört und zwar die Nerven, die Ihre Kehle, Ihre Lippen und Ihre Zunge kontrollieren." Zählen Sie zwei und zwei zusammen. Der Arzt sagte mir: „Das hätte überhaupt nicht geschehen dürfen. Es gibt einfach keinen Grund dafür." Doch es geschah wenige Tage bevor ich meinen Vortrag halten sollte.

Wie auch immer, jemand stellte es ins Internet und forderte die Menschen auf, dafür zu beten, dass ich wieder sprechen könnte. Als der Tag gekommen war, konnte ich fünfeinhalb

Stunden lang reden und es auf Video aufnehmen lassen. Am Ende stand ich jedoch auf meinem rechten Bein, weil meine linke Körperhälfte mir ihren Dienst versagte. Drei Männer in der ersten Reihe lehnten sich startbereit nach vorne. „Was ist denn mit euch los?", fragte ich mich. Sie waren bereit, mich aufzufangen; sie waren darauf gefasst. Doch wir konnten es zu Ende bringen und es weiterverbreiten. Dann folgte das Buch, mit vielen weiteren Informationen zum Thema.

Ich lege Ihnen das Buch wirklich ans Herz. Es gibt mittlerweile Städte in England, in denen ganze Bezirke der Scharia unterstehen, eine wirklich außergewöhnliche Situation. Fast jede Woche erhalte ich Informationen aus dem Parlament und aus Bildungseinrichtungen; die Menschen rufen mich an und berichten mir, was in diesem Zusammenhang geschieht. Wir bereiten also Christen in England auf das vor, was meiner Ansicht nach die Hand Gottes ist.

Ich glaube, wir befinden uns in England in einer Art Habakuk-Situation. Habakuk sagte: „Herr, schau dir den Zustand deines Volkes in Jerusalem an, willst du nichts dagegen tun? Du tust gar nichts, sieh dir doch mal die Unmoral und den Götzendienst in Jerusalem an."

Gott antwortete: „Ich tue schon etwas."

„Was denn?"

„Ich hole die Babylonier herbei."

Habakuk sagte: „Das kannst du doch nicht machen, sie werden jeden umbringen. Niemand wird übrigbleiben. Dein Volk wird vernichtet."

Der Herr sagte: „Der Gerechte wird überleben, indem er am Glauben festhält."

Das war Luthers Bekenntnis-Vers, doch er bedeutet etwas anderes, als Luther dachte. Er bedeutet: „Die Gerechten werden nicht vernichtet; ich werde sie bewahren. Sie werden dadurch überleben, dass sie am Glauben an mich festhalten."

Das war die Verheißung.

Ich glaube, Gott bringt den Islam nach England. Daher sage ich den Menschen nicht: „Lasst uns dagegen beten." Ich sage ihnen: „Das ist die Hand Gottes. Es ist ein verzweifelter letzter Versuch, die Schwäche der Kirche in England zu beheben." Das ist eine ziemlich harte Botschaft. Sie war hart für Habakuk, doch ich glaube, sie richtet sich jetzt an England, und eine wachsende Anzahl von Christen akzeptiert sie mittlerweile als Gottes Wort. Ich muss allerdings zugeben, dass nicht viele Gemeindeleiter dazugehören.

Sie sagen: „Der wahre Feind ist der Säkularismus, wir müssen die drei monotheistischen Religionen zusammenbringen, um den Säkularismus zu bekämpfen – daher müssen wir uns mit dem Judentum und dem Islam verbünden, um gegen diesen Feind vorzugehen." Das ist seltsam, denn Allah ist nicht der Gott der Bibel. Es gibt riesige Unterschiede.

GEISTLICHER DIENST

Wenden wir uns nun dem geistlichen Dienst zu. Wir sind schon so an Ein-Mann-Shows gewöhnt, dass wir sie für selbstverständlich halten. Doch ich glaube, der Heilige Geist hat uns eine ganz andere Richtung vorgegeben. Ganz am Anfang der Pfingstbewegung in Norwegen wurde ihr Leiter gefragt: „Wie viele Mitglieder hast du jetzt?" Ich meine, er antwortete: „300." „Und wie viele Geistliche?" Die Antwort lautete: „Dieselbe Anzahl." Genau das hat der Heilige Geist gesagt. Leider sind viele Pfingstgemeinden mittlerweile genau solche Ein-Mann-Shows geworden wie die althergebrachten Gemeinden. Doch der Heilige Geist will, dass der geistliche Dienst von allen Gemeindemitgliedern ausgeübt wird.

Ein Freund von mir war Methodistenpastor und trug, wie es so üblich ist, den typischen weißen Kragen (das Kollar), ein „Hundehalsband", wie wir es nennen. An einem Sonntagabend bestieg er seine Kanzel und predigte über den Priesterdienst aller Gläubigen. Er nahm Epheser 4 als Grundlage und sagte, manche seien Apostel, andere Propheten, Evangelisten, Lehrer etc. Er fuhr fort: „Jeder Christ hat eine Gabe und einen Dienst, den er für den Herrn tun soll." Am nächsten Sonntag, als er auf die Kanzel trat, war er geschockt. Jedes seiner Gemeindeglieder trug einen weißen Kragen. Er fragte: „Was ist denn jetzt los?" Er dachte, er befände sich auf einer Synode oder ähnlichem!

Sie antworteten ihm: „Du hast uns gesagt, wir stünden alle im geistlichen Dienst, und wir praktizieren einfach nur das, was du auch tust." Er hatte die Tatsache, dass er sich anders anzog, nie wirklich mit dem Inhalt seiner Predigt in Zusammenhang gebracht. Es war das letzte Mal, dass er sein Hundehalsband trug.

Wussten Sie, dass der Papst in Rom als erster seinen Klerus dafür kritisierte, sich anders anzuziehen? Gerade der Papst tat dies, weil seine Bischöfe in Frankreich begonnen hatten, aufgrund ihrer Position besondere Roben zu tragen. Der Papst sagte: „Ihr solltet euch durch euren Charakter, eure Demut und eure Barmherzigkeit von anderen unterscheiden statt durch eure Kleidung." Ich besitze eine Kopie dieses Briefes, den ich sehr gerne Menschen zeige, die sich anders kleiden als der Rest der Gemeinde. Wir haben uns jedoch schon so sehr daran gewöhnt, und Luther hat seine Reformation auch in diesem Bereich nicht vollendet. Er hinterließ uns eine Unterscheidung zwischen Priestern und dem Volk, die für das vorangegangene Jahrtausend charakteristisch war. Diese Unterscheidung im Christentum zwischen Profis und Laien finden Sie nicht im Neuen Testament. Sie stammt nicht vom Herrn. Sie geht auf die Römisch-Katholische Kirche im Mittelalter zurück. Tatsächlich war der weiße Kragen ursprünglich ein Symbol, das den Schutz durch die Jungfrau Maria symbolisierte. Die meisten von uns kennen diesen Hintergrund nicht.

Leider war es wohl die Ordination, die zur Unterscheidung zwischen *professionellen Christen*, wie ich sie nennen würde, und *Laien* geführt hat. Das griechische Wort *laos*, das *Volk* bedeutet, wurde für alle in der Gemeinde verwendet. In Seminaren mit Geistlichen, Pastoren und Priestern wird mir oft vorgeworfen, ich würde versuchen, den Klerus abzuschaffen. „Sie haben mich völlig missverstanden", antworte ich dann. „Ich versuche den Laienstand abzuschaffen." Genau darauf ziele ich ab: jeden Christen in einen Dienst zu integrieren. Daher möchte ich, dass die Geistlichen und die Gemeindeglieder als gleich angesehen werden, wie in den frühen Tagen der Pfingstbewegung. Wir alle sind auf die eine oder andere Art Geistliche. Das bedeutet allerdings nicht, dass die Gemeinde keine Leitung bräuchte. Das Neue Testament macht es sehr deutlich: Es gibt Menschen, die zur Leitung berufen sind, und andere, die ihnen folgen sollen. Das sollte man nicht mit dem geistlichen Dienst verwechseln. Alle haben einen geistlichen Dienst, doch diese Dienste müssen koordiniert, ermutigt, trainiert und angeleitet werden. Leitung finden wir im Neuen Testament, das steht außer Frage. Allerdings ist es niemals eine Ein-Mann-Leitung, sondern immer eine gemeinschaftliche. Doch die Kirchengeschichte hat sich von den neutestamentlichen Zeiten, als es in jeder Gemeinde viele Bischöfe gab, wegbewegt – hin zu einer Situation, in der ein Bischof viele Gemeinden unter sich hat.

Das ist also eine völlige Umkehr des neutestamentlichen Musters. Die Gemeinde der Zukunft, die Gemeinde des 21. Jahrhunderts, wird eine Gemeinde sein, in der jedes Mitglied ein Geistlicher ist, es jedoch eine gemeinschaftliche Leitung gibt: Älteste. Natürlich hat eine lutherische Staatskirche keine Ältesten, während eine lutherische Freikirche sie meiner Ansicht nach sehr wohl hat. Das stimmt eher mit dem Neuen Testament überein.

Was Sie in einer Ein-Mann-Gemeinde nicht tun können, ist die Disziplinierung der Mitglieder. Versucht ein Mann, eine Gemeinde zu disziplinieren, wird er mit seinen Mitgliedern große Schwierigkeiten bekommen. Gibt es allerdings eine Ältestenschaft und gemeinschaftliche Disziplin, sieht sich ein Gemeindeglied einer Gruppe Männer gegenüber. Er kann dann nicht einen Mann beschuldigen, Gemeindedisziplin auszuüben. Disziplin und Doktrin leiden in einer Ein-Mann-

Gemeinde tendenziell am meisten. Was den geistlichen Dienst betrifft, gibt es den Priesterdienst aller Gläubigen – Martin Luther lehrte das sehr wohl. Doch er praktizierte es nicht. Er hinterließ uns diese riesige Kluft zwischen den Priestern und dem Volk. Ich glaube, wir sind dazu berufen, die Priesterschaft aller Gläubigen zu praktizieren. Diese Idee, dass *einige* Priester sind, ist nicht biblisch. Wir alle sind Priester, und ich glaube auch an den prophetischen Dienst aller Gläubigen. Gott kann jeden Gläubigen gebrauchen, um einer Gemeinde das Wort des Herrn weiterzugeben.

Einmal im Monat fand unsere Gemeindeversammlung statt. Ich habe meine Frau gefragt, was sie am meisten vermisst, seit wir keine Gemeinde mehr leiten. Sie sagte: „Ich vermisse unsere monatliche Gemeindeversammlung mehr als alles andere." Wenn sie das gegenüber Kirchenmitgliedern erwähnt, sind diese höchst erstaunt. Für sie bedeutet eine Gemeindeversammlung kämpfen, Lobbyarbeit und Abstimmungen: die schlimmste Form der Demokratie. Unsere Gemeindeversammlung hingegen war eine Theokratie, bei der jedes Mitglied ein Wort des Herrn weitergeben konnte und es auch tat. Die erstaunlichsten Dinge geschahen jeden Monat, wenn wir den Herrn fragten: „Was sollen wir deiner Ansicht nach tun?" und auf ihn warteten. Ich gebe Ihnen nur ein oder zwei Beispiele. Einmal stand eine kleine Frau auf, eine sehr demütige Person, doch sie sagte: „Ich glaube, der Herr will, dass wir anderen Gemeinden in der Stadt Geld geben." Das war etwas schockierend. Wir hatten noch nie anderen Gemeinden der Stadt auch nur einen Cent gegeben. Sie können ihre eigenen Spenden einnehmen; wir kümmern uns um unsere. Wir gaben 35 Prozent unseres Gemeindeeinkommens an andere Dienste: die Armen, Missionare und viele weitere verdiente Werke. Doch anderen Gemeinden unserer Stadt Geld geben? Das war lächerlich. Abgesehen davon, wenn wir anfingen, ihnen Geld zu geben, würde das herablassend wirken, nach dem Motto: „Wir sind die reiche Gemeinde, daher werden wir euch, den armen Gemeinden, helfen." Menschen würden darauf nicht positiv reagieren.

Wie auch immer, wir glaubten, der Herr hatte gesprochen. Ich ging zu unserem Bank-Manager, der Julius Caesar hieß. Ich sage Ihnen die Wahrheit. Er war der Manager der „National Westminster Bank", bei der wir als Gemeinde waren. Ich sagte: „Wir wollen ein neues Konto eröffnen."

„Oh", sagte er, „wofür?"

Ich antwortete: „Für die anderen Gemeinden in der Stadt."

Er eröffnete dieses Konto, und wir überwiesen viel Geld darauf. Es wurde immer größer und größer, und wir wussten nicht, wie wir damit umgehen sollten. Hunderte Pfund lagen auf diesem Konto, sie lagen dort, völlig unbeweglich. Wir überlegten uns, wie wir es anderen Gemeinden geben könnten, ohne sie zu beschimpfen oder herablassend zu sein. Dann gab es einen Tornado in unserer Stadt, der das Dach der Römisch-Katholischen Kirche (eines modernen Gebäudes) völlig abdeckte.

Das stellte uns vor ein Problem. Wollte Gott, dass wir das Geld der Römisch-Katholischen Kirche gaben? Er wollte es. So ging ich zu dem irischen Priester, der für diese Kirche verantwortlich war, gab ihm einen großen Scheck und sagte: „Das soll dazu dienen, das Dach wieder zu decken." Hätte er ein schwaches Herz gehabt, wäre es vorbei gewesen. Er stolperte rückwärts und sagte. „Ich habe noch nie von Baptisten gehört, die Römische Katholiken finanzieren." Er konnte es kaum glauben. Er fragte: „Warum machen Sie das?"

Ich antwortete: „Der Herr hat es uns aufgetragen. Wir hätten es nicht von uns aus getan, doch der Herr hat es uns gesagt. Hier ist Ihr Scheck."

Dann sagte er etwas Interessantes: „Sie sind die Bibelgemeinde, nicht wahr?"

LUTHERS REFORMATION VOLLENDEN

Das sagte er, weil wir die Bibel gerade einmal ganz durchgelesen hatten, von Sonntagabend bis Donnerstagmorgen, ohne Pause. Wir lasen sie laut vor. Wir wussten nicht, was passieren würde, doch 2000 Menschen kamen, und wir verkauften eine halbe Tonne Bibeln. Es war eine erstaunliche Zeit. Ich werde nur zwei Dinge von den vielen erzählen, die passierten. Es gab einen Bürgermeister in unserer Stadt, der ein katholischer Namenschrist war. Er war ein kleiner Mann namens Alderman Sparrow (Spatz), was ein ziemlich putziger Name für einen kleinen Mann ist. Er trug eine goldene Amtskette mit den Wappen der Stadt. Er hörte davon und fragte: „Kann ich kommen und Ihnen auch vorlesen? Ich habe noch nie von jemandem gehört, der die Bibel ganz durchliest, doch als Bürgermeister dieser Stadt interessiert es mich, und ich würde gerne den Stadtrat repräsentieren und vorlesen." Wir gaben jeder Person 15 Minuten und sagten ihm: „Am Dienstagnachmittag um 15.30 Uhr besteht noch die Möglichkeit. Dann könnten Sie kommen und vorlesen. Passt es Ihnen?"

Er sagte: „Ja. Oh, und ich werde meine Frau auch mitbringen. Wir werden beide kommen, und ich werde Ihnen vorlesen." Dann sagte er: „Macht es Ihnen etwas aus, wenn ich meine goldene Amtskette trage?"

Wir antworteten: „Nicht, solange Sie noch etwas anderes anhaben."

Er kam und las vor. Doch er kam ohne seine Frau. Wir fragten ihn: „Wo ist Ihre Frau?"

„Oh", sagte er, „wir bekamen unerwarteten Besuch. Sie ist früh aufgestanden, hat gekocht, aufgeräumt, die Betten gemacht und sich auf diese Besucher vorbereitet. Sie lässt sich entschuldigen. Was lesen wir?"

Ich sagte: „Ich weiß es nicht. Stehen Sie einfach um 15.30 Uhr auf, nehmen Sie die Bibel und lesen Sie weiter." Er las Sprüche 31. Er las über die beste Ehefrau von allen, die in aller Frühe aufsteht, sich um die Familie kümmert, die Betten macht, kocht und ... er fing an zu lächeln. Dann las er diesen Satz: „Ihr Mann ist überall bekannt, und was er sagt, hat Gewicht im Rat der Stadt" (Sprüche 31,23; HfA). Als er fertig war, kam er zu mir herüber und setzte sich neben mich. „Ich lese in der Bibel über mich selbst. Könnte ich eine Bibel kaufen und zum Lesen mit nach Hause nehmen?" Wir gaben ihm eine, er nahm sie mit nach Hause und las seiner Frau daraus vor.

Eine weitere Frau, die teilnahm, hatte uns vorher nichts davon erzählt, doch sie beendete das Vorlesen und wollte eigentlich schnell zu einem Termin mit ihrem Anwalt fahren, um die Scheidung einzureichen. Sie las Maleachi: „‚Ich hasse Scheidung', spricht der Herr." Sie nahm den Termin mit dem Anwalt nicht wahr. Ihre Ehe wurde wieder in Ordnung gebracht, und sie ist immer noch glücklich verheiratet. So viele Menschen wurden allein davon berührt, dass wir die ganze Bibel durchlasen.

Der katholische Priester hatte davon gehört, deshalb fragte er: „Sie sind die Bibel-Gemeinde, nicht wahr? Meine Leute lesen die Bibel nicht. Ich sage Ihnen die Wahrheit, ich auch nicht. Ich gebe Ihnen jeden Sonntag eine kleine Predigt, berichte ihnen, was der Papst kürzlich gesagt hat, doch ehrlich gesagt sind wir keine Bibel-Gemeinde. Würden Sie ein paar Leute aus Ihrer Gemeinde zu uns schicken, um uns Bibelunterricht zu geben?" Wir ergriffen die Gelegenheit und wählten sorgfältig zehn Personen aus, die jede Woche diese Gemeinde besuchten, um sie Gottes Wort zu lehren. Raten Sie mal, was das Ergebnis war. Das alles geschah, weil jemand in unserer monatlichen Gemeindeversammlung vom Herrn gehört hatte: „Gebt euer Geld für andere Gemeinden aus." Wir hätten uns nicht träumen lassen, wohin das führen würde. Jeden Monat hielten wir eine Gemeindeversammlung mit dem Herrn ab und warteten, was er uns sagen würde.

Ich weiß noch, dass Gott uns ein anderes Mal durch einen ganz einfachen kleinen Mann sagte, wir sollten jeden Sonntag einen Teil der Teilnehmer an unserem Sonntagabendgottesdienst an eine andere Gemeinde abgeben. Sie mussten damals 40 Minuten früher kommen, um in unserer Gemeinde einen Platz zu bekommen. Jetzt sagte uns der Herr, wir sollten unsere Gemeinde abgeben! Wir riefen also eine andere Gemeinde an und sagten: „Macht es Ihnen etwas aus, wenn einige unserer Leute nächsten Sonntagabend in Ihren Gottesdienst kommen?" (An den Sonntagabenden kam kaum jemand in diese Gemeinden – die meisten waren Sonntagmorgen-Menschen.) Wir stellten fest, dass unsere Mitglieder mit einem Abendessen empfangen wurden und sich darauf freuten, zur Abwechslung mal jemand anderen als mich predigen zu hören. Es veränderte unsere Stadt, denn jetzt waren wir die Gemeinde, die anderen Gemeinden etwas abgab: Menschen und Geld. Nichts von dem wäre geschehen, hätten wir nicht auf den Herrn gewartet und gefragt: „Was sollen wir deiner Ansicht nach tun?"

Wie schon erwähnt, meine Frau vermisst diese monatliche Versammlung mehr als alles andere – als wir Gottes Anweisungen hörten und sie befolgten. Es führte zu den erstaunlichsten Dingen, die wir uns nie selbst ausgedacht hätten, weil wir einfach nicht so denken. Doch der Herr tut es.

Das war ein praktischer Dienst, der alle Mitglieder miteinbezog. Wir hatten Älteste, die die monatliche Gemeindeversammlung leiteten. Allerdings war es eine gemeinschaftliche Leitung. Niemand von uns stand über den anderen. Die Mitglieder wussten: Kommunizierten die Ältesten etwas gemeinsam, so mussten sie das ernstnehmen. Doch es war weder eine Diktatur noch eine Demokratie. Wir alle suchten gemeinsam den Herrn. Wollten wir einen neuen Ältesten einsetzen, konnte jeder eine Person vorschlagen. Normalerweise suchten die Ältesten den Herrn und schlugen

den Mitgliedern jemanden vor. Doch wir verbrachten zuvor drei Monate damit, zu beten und darüber nachzudenken. Bei der nächsten Gemeindeversammlung war dann dieser Mann nicht anwesend. Wir diskutierten in seiner Abwesenheit offen und ehrlich über ihn und dann, einen Monat später, nach den Gebeten und Diskussionen, fragten wir die Mitglieder: „Erkennt ihr diesen Mann als euren Hirten an?" Wir erwarteten, dass mindestens 80 Prozent der Mitglieder positiv antworteten. Wir setzten nicht voraus, dass jeder geistlich reagieren würde; es gibt immer ein oder zwei Personen, die mit ihren eigenen Vorstellungen kommen. Doch wir erwarteten, dass 80 Prozent sagten: „Wir erkennen diesen Mann als den uns gegebenen Hirten an."
Wenn die Mitglieder auf diese Art beteiligt worden sind, haben sie eine moralische Verpflichtung, diesem Hirten zu folgen, weil sie an seiner Einsetzung beteiligt waren. Es war keine demokratische Abstimmung. Wir sagten nicht: „Wir haben zwei Personen für eine Position, und ihr könnt jetzt abstimmen, wer das Amt bekommt." Das ist Demokratie. Wir stellten einen Mann jeweils einzeln vor, nachdem wir drei Monate damit verbracht hatten, den Herrn zu suchen. Entweder war es glasklar, dass er der Richtige war oder nicht. Wenn es nicht klar war, sagten wir: „Lasst uns abwarten." Manchmal erklärten die Mitglieder nach einem Jahr: „Dieser Mann ist reif genug geworden, um unser Hirte zu sein." Die Menschen in der Gemeinde hatten also an jeder Entscheidung der Ältesten Anteil. Ich befürworte diese Art einer offenen Leitung. Dadurch praktiziert man die Priesterschaft aller Gläubigen. Man glaubt, dass jeder in der Gemeinde der ganzen Gemeinde dienen und ihr ein Wort vom Herrn bringen kann. Wir stellten fest, dass es wunderbar funktionierte. Es gab keinen Streit. Es gab keinen Lobbyismus. Nichts davon, was sonst so häufig in Gemeindeversammlungen vorkommt, geschah bei uns.

Wir praktizierten eine Theokratie. Das ist der richtige Weg, dessen bin ich mir sicher.

Jetzt komme ich zum umstrittensten Teil, der *Mitgliedschaft* in der Gemeinde. Hierbei sehen wir uns mit der Tatsache konfrontiert, dass eine Staatskirche verpflichtet ist, alle ihre Bürger aufzunehmen und sie als Teil der Herde zu betrachten. Daher gibt es in Norwegen beispielsweise zirka 3500 Personen pro Gemeindepfarrer. In Finnland ist die Zahl niedriger, doch es gibt diese Zuordnung zu den Bürgern, denen Sie der Hirte sein sollen, und die Bürger stellen dann erwartungsgemäß Ihre Schafe dar. Ein Problem besteht darin, dass viele von ihnen Ziegen sind. Eine Staatskirche wird immer eine gemischte Mitgliedschaft haben, mit einer sehr verschwommenen Grenze zwischen der Kirche und der Welt. Es bedeutet, dass viele Menschen, die sich der Kirche zugehörig betrachten, tatsächlich überhaupt keinen anderen Lebensstil pflegen als Nichtmitglieder. Es gibt kein gemeinschaftliches Zeugnis eines anderen Lebensstils, weil es so durchmischt ist. Alle Bürger als Teil der Herde zu betrachten, ist für mich pure Einbildung, da es nicht der Wahrheit entspricht.

Wie lautet die Antwort darauf? Hier kommen wir zum großen Problem. Die Taufe stellt eine Grenzlinie für die Kirche dar. Im Neuen Testament werden Sie auf oder in Christus getauft – in das Haupt und den Körper hinein. Die Taufe ist das Sakrament der Aufnahme in das Reich Gottes. Ich werde das in Kürze weiter ausführen. Doch wenn Sie Säuglinge taufen, schaffen Sie gezwungenermaßen eine gemischte Gemeinde aus Gläubigen und Nichtgläubigen. Denn es gibt keine Garantie, dass ein Baby, das Sie getauft haben, im späteren Leben ein starker Gläubiger wird. Tatsächlich weist die Statistik genau auf den gegenläufigen Trend hin. Ich weiß nicht, wie es in Norwegen ist, doch es würde mich überraschen, wenn es sich stark von Finnland unterscheiden würde, wo ich vor einer Weile gesprochen habe. Dort hat man mir berichtet, dass weit über 90 Prozent der Menschen als Säuglinge in der Kirche getauft wurden, jedoch weniger als drei Prozent am Sonntag in die Kirche gehen. Ich spreche nicht von Heiligabend und besonderen Gottesdiensten, sondern über die regelmäßigen Treffen. Da gibt es eine riesige Kluft. Sie ist nicht ganz so groß wie in England, jedoch nicht weit davon entfernt.

Wir haben also unzählige Bürger im Land, die sich als Teil der Kirche betrachten, aber nie in eine persönliche Beziehung zu Christus gekommen sind. Daher legt die Taufpraxis gerade nicht die Grenzen der Gemeindemitgliedschaft fest. Hier liegt die Krux des Problems. Um meine Überzeugung auf den Punkt zu bringen: Ich glaube, dass die Gemeinden das 21. Jahrhundert überleben werden, die die neutestamentliche Taufe praktizieren. Ich werde jetzt ganz offen sein; in Norwegen sehe ich genau dasselbe wie in England und in anderen Ländern: *Niemand* predigt und praktiziert die neutestamentliche Taufe. Insgesamt gesehen gibt es drei große Gruppen in den meisten Ländern in Nordeuropa, die ich besuche. Auf der einen Seiten Lutheraner, Anglikaner und Presbyterianer, die meiner Ansicht nach die richtige Theologie zur Taufe haben, aber die falsche Praxis. Das andere Extrem sind Pfingstler und Baptisten, die zwar die richtige Taufpraxis zeigen, aber die falsche Theologie. Ich sehne mich einfach danach, diese beiden Gruppen zusammenzubringen, ihnen die Köpfe zu waschen und zu sagen: „Kehrt zur neutestamentlichen Taufe zurück." Dann gibt es immer eine dritte Gruppe, die hauptsächlich aus übergemeindlichen Organisationen besteht, von der Heilsarmee, dem Werk von Billy Graham, über Campus für Christus, den Navigatoren bis hin zu Jugend mit einer Mission. Sie haben absichtlich und strategisch die Taufe aus ihren Evangelisationsbemühungen herausgestrichen, hauptsächlich aus diplomatischen

Gründen, um es sich mit den anderen beiden Gruppen nicht zu verscherzen. Hier ist nun mein Dilemma: Ich bin ein starker Befürworter und Anwalt der neutestamentlichen Taufe, weil ich glaube, dass sie die Lösung für die Qualität der Gemeindemitgliedschaft darstellt. Sie ist für uns im 21. Jahrhundert immer noch ein solcher Schwachpunkt. Wir haben also auf der einen Seite Menschen mit der richtigen Lehre und der falschen Praxis sowie mit der richtigen Praxis, aber der falschen Lehre; und dann gibt es noch die, denen sowohl Lehre als auch Praxis fehlen. Was für eine absurde Situation! Angesichts der Tatsache, dass Christus selbst die Taufe ins Zentrum seines Missionsbefehls stellte, ist das ein merkwürdiger Zustand. Er sagte „Geht und macht zu Jüngern alle Völker, indem ihr sie tauft und sie dann lehrt, so zu leben, wie ich es befohlen habe." Das ist sein Missionsbefehl. Führt irgendjemand von uns ihn aus?

Ich will Ihnen erklären, was ich damit meine. Ich habe schon beiden Lagern angehört. Zwölf Jahre lang war ich Methodistenpastor und taufte Säuglinge, obwohl ich mich dabei immer etwas unwohl fühlte. Eines Tages kam eine junge Dame zu mir, und ich fragte sie: „Was kann ich für Sie tun?" Sie antwortete: „Ich verstehe das mit der Taufe nicht." Diese Dame ist jetzt meine Frau. Es war die erste Unterhaltung, die wir miteinander führten, es ging um die Taufe, und da sind wir nun. Sie war die erste Person, die ich später getauft habe, doch das ist eine andere Geschichte.

Ich war also jemand, der Babys taufte, und dann wurde ich nach Arabien versetzt, wo ich als Militärgeistlicher der Königlichen Luftwaffe diente. Mein Bezirk erstreckte sich von Kenia in Afrika über Bahrain am Persischen Golf bis nach Saudi-Arabien. Das war ein Augenöffner für mich, denn jeder Muslim, den wir tauften, wurde ermordet. Nach einer Weile zögerte ich wirklich, Muslime zu taufen, weil ich wusste, dass sie damit ihr Todesurteil unterzeichneten.

Es ist erstaunlich. Ihre Mitbürger hatten kein Problem damit, dass sie in die Kirche gingen, eine Bibel hatten oder sogar sagten: „Ich bin Christ geworden." Doch sobald sie sich taufen ließen, wurden sie ermordet. Manche wurden erstochen. Ein Mann sollte verbrannt werden. Sie brannten sein Haus nieder, weil sie dachten, er wäre zu Hause, doch im Haus waren seine Frau und seine Kinder. Sie alle wurden bei lebendigem Leibe verbrannt, während er entkommen konnte. Ich habe einen Brief von ihm, in dem er mir mit tränenverschmierter Schrift schrieb, was mit seiner Frau und seinen Kindern geschehen war, weil er sich taufen ließ. Ich fragte mich: „Was hat es mit der Taufe auf sich, dass sie diese Muslime wirklich zum Mord treibt?"

Mir wurde bewusst, dass die Muslime ein klareres Verständnis der Taufe hatten als ich. Ich hatte die Stirnen von Babys benetzt und ihnen einen Namen gegeben, und das passte einfach nicht zusammen. Es trieb mich zurück zu meiner Bibel. Sorgfältig untersuchte ich alle 31 Bibelstellen im Neuen Testament zum Thema Taufe – eine für jeden Tag des Monats. Ich dachte bei mir: „Das stimmt alles nicht mit dem überein, was ich tue." Ich kam zu der Schlussfolgerung, dass ich kein weiteres Baby taufen sollte. Zum damaligen Zeitpunkt hatte ich bereits drei eigene Kleinkinder, daher musste ich die Entscheidung für sie treffen. Doch ich musste der Methodistischen Kirche sagen: „Ich kann nicht so weitermachen und Babys taufen. Es tut mir leid."

Können Sie sich vorstellen, wie ihre Reaktion aussah? „Werden Sie bleiben, wenn wir Ihnen einen Assistenten zuteilen, der alle Kindertaufen vornehmen wird?" Ich antwortete: „Nein, das wäre total unehrlich. Ich würde anders über die Taufe predigen." So kündigte ich. Sie waren sehr zögerlich, mich gehen zu lassen. Ich sagte zu meiner Frau: „Wir werden meine Arbeit, unser Haus und meine Pension verlieren, und ich kann dir nichts anderes bieten." Ihre

Antwort werde ich nie vergessen: „David, ich möchte mit einem Mann verheiratet sein, der Gott gehorcht." Über Nacht hatten wir alles verloren – und nichts. Seitdem hat uns nie irgendetwas gefehlt. Ich entdeckte, dass mein Arbeitgeber nicht die Methodistische Kirche war, sondern der Herr Jesus Christus, und dass er uns in den Dienst an seinem Leib beruft. Er verwendet keine Denominationsbezeichnungen. Ich habe tausende von Prophetien gehört, und nur in einer wurde eine Denomination benannt, das war in Neuseeland. Die Prophetie wurde in einer großen Versammlung gegeben und lautete folgendermaßen: „Ich will durch die Presbyterianer Erweckung nach Neuseeland bringen." Ich wusste zufällig, dass der Mann selbst Presbyterianer war. Es hätte mich mehr beeindruckt, wenn die Prophetie von einem Baptisten gekommen wäre. Wie auch immer, ich ging nach der Veranstaltung zu ihm und sagte: „Das war eine falsche Prophetie. Sie entsprach deinem Herzenswunsch. Du würdest es liebend gerne erleben, dass deine Denomination Neuseeland in die Erweckung führt." Er akzeptierte meine Korrektur.

Ich habe noch nie gehört, dass der Herr speziell Lutheraner, Baptisten oder Pfingstler angesprochen hätte – oder Sie? Noch nie. Wenn der Herr diese Etiketten nicht verwendet, will ich das ehrlich gesagt auch nicht tun. Tatsächlich bin ich ein „Metho-Bapti-Kan", weil ich als Methodist ordiniert und als Baptist akkreditiert wurde und Anglikanische Bischöfe mir die Hände für meinen Reisedienst aufgelegt haben. Ich habe darauf gewartet, dass der Papst nach England kommt, um die Aufgabe zu vollenden, doch er hatte kein Interesse.

Ich habe also Erfahrung mit den beiden Seiten der Tauffrage und ich erreichte einen Punkt, an dem ich sagen musste: „Ich kann keine Babys mehr taufen", weil mich die Lehre des Neuen Testaments so sehr beeindruckte. Ich will ganz offen mit Ihnen sein: Ich bin theologisch gesehen den

Lutheranern in der Tauffrage näher als den Baptisten und Pfingstlern. Doch in der Taufpraxis habe ich mehr mit den Baptisten und Pfingstlern gemein, allerdings nicht mit ihrer Theologie. Was ist der Unterschied? Ich habe festgestellt, dass Lutheraner und manche Anglikaner betonen, *was Gott in der Taufe tut*. Sie unterstreichen die Passagen im Neuen Testament, die die Taufe mit der Sündenvergebung, der Errettung und der Aufnahme in den Leib Christi assoziieren. Doch wenn man das auf ein Baby anwendet, scheinen mir die entscheidenden Bedingungen für Gottes Aktivität zu fehlen.

Luther sah sich selbst diesem Dilemma gegenüber, da er alles auf die Karte der Rechtfertigung aus Glauben gesetzt hatte. Wie passt das mit der Taufe eines Babys zusammen? Sicherlich kennen Sie seine unglaubliche Lösung dieses Problems. Er sagte: „Wer kann behaupten, dass ein Baby keinen Glauben hat?" Worauf es nur eine logische Antwort gibt: „Wer kann das Gegenteil behaupten?" So blieb es. Er behielt also die mittelalterliche Praxis der Säuglingstaufe bei, befand sich aber immer noch in diesem Dilemma. Noch wichtiger als die Glaubensfrage ist die Bedeutung, die das Neue Testament der Buße als einer Vorbedingung der Taufe beimisst. Kann ein Baby Buße tun? Falls es das könnte, von welchem falschen Weg würde es umkehren? In der gesamten lutherischen Literatur, die ich zur Taufe gelesen habe, gibt es in diesem Zusammenhang keinerlei Diskussion über das Thema Buße.

Ich habe aus der Bibel die Überzeugung gewonnen, dass Gott wirklich etwas in der Taufe *tut* und es sich nicht nur um einen symbolischen Akt handelt; vielmehr bewirkt die Taufe das, was sie symbolisiert. Sie ist sowohl ein Bad als auch ein Begräbnis. Ananias sagte zu Paulus, bzw. zu Saulus von Tarsus, wie er damals genannt wurde: „Worauf wartest du noch? Steh auf, lass dich taufen und deine Sünden abwaschen und rufe den Namen des Herrn an." Das zeigt eine sehr große Achtung vor der Taufe: „Lass deine Sünden abwaschen." Petrus hatte dieselbe große Wertschätzung, wie seine Aussage zeigt: „Das ist ein Bild für die Taufe, die jetzt euch rettet. Die Taufe dient ja nicht zur körperlichen Reinigung. Sie ist vielmehr Ausdruck einer Bitte an Gott um ein gutes Gewissen. Diese Rettung verdanken wir der Auferstehung von Jesus Christus..." (1. Petrus 3,21; NeÜ).

Nimmt man alle diese Passagen zusammen, so besagen sie, dass die Taufe ein Werkzeug der Gnade ist; sie ist ein Mittel, durch das Gott etwas für Sie tun kann, was durch nichts anderes bewirkt wird. Mit einfachen Worten: Sie gibt Ihnen einen sauberen Neuanfang in Ihrem Leben als Christ, indem Ihre Sünden weggewaschen werden – nicht aus den himmlischen Büchern, sondern aus Ihrem Gewissen.

Ich werde Ihnen einige wahre Geschichten aus meiner eigenen Erfahrung erzählen, um diesen Punkt zu illustrieren, damit Sie meine Position besser verstehen. Erstens, es gab einen Mann namens Roger in unserer Gemeinde, der als beratender Ingenieur tätig war. Wann immer er beruflich unterwegs war, in einer anderen Stadt, ging er dort mit einer Frau ins Bett. Seiner Frau erzählte er nichts davon. Jedes Mal, wenn er sein Zuhause verließ, war er ihr untreu. Dann wurden sowohl Roger als auch seine Frau fast zur selben Zeit gläubig. Kurz darauf kam er zu mir und sagte: „David, ich weiß, der Herr hat mir vergeben, doch ich kann meiner Frau beim Frühstück nicht in die Augen sehen. Ich kann ihr nicht in die Augen schauen, wenn ich daran denke, wie ich sie überall betrogen habe. Ich habe es ihr erzählt, und sie hat mir vergeben, doch ich kann es immer noch nicht ertragen, ihr ins Gesicht zu sehen, wenn ich daran denke, was ich getan habe."

Ich sagte: „Du weißt, was du jetzt brauchst Roger, oder?"

„Nein, was denn?"

Ich antwortete: „Du musst getauft werden." Ich zeigte ihm den 1. Petrusbrief, wo es heißt, dass uns nicht das Waschen des Körpers rettet, sondern die Reinigung des Gewissens; wenn wir den Körper in das Wasser eintauchen, reinigt Gott unser Gewissen. Am darauffolgenden Sonntag taufte ich ihn und seine Frau. Ich werde es nie vergessen. Seine Frau stieg zuerst ins Wasser, kam wieder heraus und stand dort, in ein Handtuch eingehüllt. Als Roger ins Wasser stieg, sagte er: „Herr Jesus, reinige mein Gewissen", und er tauchte unter, kam wieder heraus, lief zu seiner Frau, nahm sie in die Arme, schaute ihr in die Augen und sagte: „Ich bin ein anderer Mensch geworden." Die Taufe hatte seine Gewissen gereinigt. Von da an sprach er immer über seine Vergangenheit, als habe es sich um eine andere Person gehandelt, der alte Mensch, der in der Taufe begraben wurde. Er war jetzt ein neuer Mensch – rein in Gottes Augen.

Ich habe den Sänger Cliff Richard getauft, der zu unserer Gemeinde gehörte. Er schreibt in seiner Autobiographie: „David Pawson wusch mich, spülte mich ab und hing mich zum Trocknen auf die Leine – ich habe mich noch nie im Leben so sauber gefühlt." Genau das bewirkte die Taufe für ihn.

Ein weiterer junger Mann in meiner Heimatstadt war ein Hell's Angel. Er hatte sich mit Drogen, Motorrädern etc. beschäftigt und trug ein Tattoo Satans auf seiner Brust. Ihm war der Teufel eintätowiert. Als er Christ wurde, wollte er getauft werden, doch ihm war bewusst, dass beim Untertauchen im Wasser das T-Shirt durchsichtig wird. Er dachte sich: Ich kann nicht getauft werden und dabei die Leute den Teufel auf meinem Körper sehen lassen. Daher ging er in unser Ortskrankenhaus in Basingstoke und fragte dort einen plastischen Chirurgen: „Können Sie das entfernen?"

Der Chirurg antwortete: „Es gibt zwei Methoden, wie ich es entfernen könnte. Die eine besteht darin, es wegzubrennen, doch das wird eine Narbe hinterlassen. Die andere besteht darin, ein Stück neue Haut von Ihrem Oberschenkel auf

Ihre Brust zu transplantieren. So können wir das Tattoo beseitigen und ein Stück Haut transplantieren. Allerdings zahlt das die Krankenkasse nicht. Es wird Sie Zeit und Geld kosten." Der gute Junge antwortete: „Ich habe weder die Zeit noch das Geld", und er bat einen Freund von mir, ihn im Swimmingpool in einem Privatgarten zu taufen, obwohl dieser von christlichen Nachbargrundstücken umgeben war. Er stieg ins Wasser hinab, um seine Vergangenheit zu begraben, um sie abzuwaschen, und er stieg um ein Tattoo erleichtert wieder aus dem Wasser, der Teufel war von seinem Körper verschwunden! Dieses Tattoo wurde mit H_2O abgewaschen! Es war nur mit Wasser in Berührung gekommen, doch es war weg. Wenn Sie diesem Jungen erzählen, die Taufe sei nur ein Symbol, würde er Sie auslachen und sagen: „Für mich ist sie mehr als ein Symbol; mit dieser Methode hat der Herr den Teufel von meinem Körper abgewaschen."

Ich erzähle Ihnen noch eine Geschichte – und ich könnte Ihnen noch viele weitere zum Besten geben. Ein Freund von mir, ein Baptistenpastor in Nord London, hat sie mir selbst erzählt. Als er als Junge in Bristol zur Schule ging, unternahm er mit seinem besten Freund alles gemeinsam. Nach dem Ende ihrer Schulzeit verloren sie jedoch den Kontakt zueinander, und ihr Leben entwickelte sich unabhängig voneinander weiter, auf sehr unterschiedliche Weise. Einer von ihnen wurde Christ und Baptistenpastor – das ist mein Freund in Nord London. Der andere, zu dem er den Kontakt verloren hatte und über dessen weiteren Weg er nichts wusste, war sprichwörtlich vor die Hunde gegangen. Er wurde drogenabhängig, kriminell und bekam Probleme mit der Polizei, alles ging bei ihm bergab, und er ruinierte sein Leben. Als er ganz unten war und in Betracht zog, sich das Leben zu nehmen, erinnerte er sich an seinen Freund aus der Schule und dachte bei sich: Wenn es einen Menschen auf der Welt gibt, der mir jetzt helfen kann, dann ist es mein alter Schulfreund. Allerdings wusste er nicht, wo er jetzt lebte und wie er ihn erreichen konnte, daher ging er zu seinem spiritistischen Medium und fragte es: „Ich muss Kontakt mit einem alten Schulfreund aufnehmen; können Sie wen auch immer auf der anderen Seite kontaktieren und herausfinden, wo er lebt?" Das Medium – eine Frau – sagte: „Das kann ich. Er lebt in Nord London in einem grünen Haus gegenüber einem Park mit Bäumen" und beschrieb ihm dieses Haus. „Doch ich muss Ihnen leider sagen, dass er nicht mehr lebt; er ist gestorben, ich kann Ihnen sein Todesdatum geben." Was sie auch tat. Allerdings glaubte er der Frau nicht, dass sein Freund gestorben war, und machte sich auf, um ihn zu suchen. Er durchstreifte Nord London immer wieder, bis er einen Park mit Bäumen fand. Dann umrundete er den Park, bis er auf ein grünes Haus stieß. Er ging zur Tür, klingelte und der Baptistenpastor öffnete. Es war tatsächlich sein alter Schulfreund, und er bekannte ihm: „Mein Leben ist ein einziges Chaos; ich bin am Ende meiner Weisheit angelangt, kannst du mir helfen?"

Der Pastor führte ihn zum Herrn, rettete sein Leben und half ihm, das Chaos wieder in Ordnung zu bringen, sodass alle froh und glücklich waren.

Der Pastor fragte ihn: „Wie hast du mich gefunden?"

Der Neubekehrte antwortete: „Ich bin zu einem spiritistischen Medium gegangen. Sie beschrieb dein Haus, sagte aber, du seist gestoben, und gab mir dein Todesdatum."

Der Pastor fragte, welches Datum sie genannt hätte. Er sagte es ihm, und der Pastor erklärte: „An diesem Tag wurde ich getauft." Die Taufe trennt Sie also von der dämonischen Welt ab. Das ist meine Schlussfolgerung. So, wie die Taufe im Roten Meer die Israeliten vom Pharao abschnitt – diese Analogie kann ich biblisch belegen –, ist die Taufe eine Operation Gottes, davon bin ich überzeugt.

Aus diesem Grund habe ich auch meine Probleme mit den Baptisten und den Pfingstlern. Weil sie nie darüber sprechen, was *Gott* in der Taufe tut. Es geht bei ihnen einzig und allein darum, was der Mensch unternimmt: entweder einen Gehorsamsschritt oder eine zeugnishafte Handlung, eine Art *nasses Zeugnis*, doch was Gott für den Gläubigen tut, wird nie thematisiert. Verstehen Sie, was ich meine? Ich wünschte, dies alles würde biblisch zusammengesetzt: ein Glaube an die neutestamentliche Taufe, die tatsächlich Sünden abwäscht, die den Menschen in Christus integriert und ihn rettet, doch nur, wenn es dabei um einen bußfertigen und gläubigen Kandidaten geht. Zu diesem Schluss bin ich gekommen. Daher befinde ich mich wohl leider im Niemandsland – zwischen denen mit dem richtigen Verständnis, das sie jedoch auf die falschen Menschen anwenden, und denen, die es an den richtigen Menschen vornehmen, jedoch keinerlei Verständnis haben, was Gott dabei tut. Lassen Sie uns beide Gruppen zusammenbringen.

Ich glaube, die Wiederentdeckung der neutestamentlichen Taufe wäre eine der größten Veränderungen, die etwas Beispielloses für die Gemeinde bewirken würde. Ich werde bei diesem Thema so leidenschaftlich, weil ich wirklich glaube, dass es so viele unserer Probleme lösen würde. Wir hätten eine Gemeinde, die ausschließlich aus bußfertigen Gläubigen bestünde, eine Gemeinde, die man dann zu einem neuen Lebensstil aufrufen könnte: eine heilige Gemeinde. Ich glaube, die neutestamentliche Taufe wäre auch ein Werkzeug der Gnade für den Neubekehrten; die Taufe sollte Teil der Einführung in das Leben im Reich Gottes sein, und nicht in eine kirchliche Zeremonie oder etwas Ähnliches abgekapselt werden. Endlich könnten wir so evangelisieren, wie Jesus es uns aufgetragen hat: Jünger aus allen Völkern machen, sie taufen und sie lehren, wie man ein christliches Leben führt. Das ist sein Auftrag an uns.

GEISTLICHER DIENST

Könnten wir nur dahin zurückkehren und es alles zusammen anwenden: Das lutherische Verständnis, was Taufe bedeutet und bewirkt und was Gott darin tut, kombiniert mit der baptistischen und pfingstlerischen Sicht, sie nur an reumütigen Gläubigen zu vollziehen. Ich glaube, dann hätten wir die neutestamentliche Taufe wiederhergestellt. Ich glaube, Gott würde das ehren und es wirklich gebrauchen, um für die Kirche Wunder zu tun. Doch es erfordert Mut von Seiten der Menschen, die dieses Thema für wichtig halten. Ich musste aus dem methodistischen Dienst ausscheiden. Es kostete uns alles und gleichzeitig nichts. Gott hat es mehr honoriert als ich es je ausdrücken könnte.

Ich gebe Gott alle Ehre für das, was ich jetzt sagen werde. Gerade jetzt habe ich den größten Wirkungskreis, den ich in meinem Dienst jemals hatte. Ich kann in 120 Ländern tätig sein. Jeder chinesische Bürger kann meine Vorträge im Fernsehen anschauen. Wissenschaftler am Südpol sehen jede Woche meine Bibel-Videos. Und dabei bin ich ein niemand; ich habe keine Organisation, kein Büro und keine Sekretärin. Ich schreibe meine Briefe und meine Bücher mit einem Füllfederhalter. Ich besitze keinen Computer; ich habe kein E-Mail und noch nicht einmal ein Mobiltelefon. Viele meinen, ich sei der Arche Noah entstiegen. Doch der Herr hat diesen einfachen Menschen genommen und mir einen weltweiten Dienst gegeben, den ich mir niemals hätte erträumen lassen; und ich habe nichts dazu beigetragen. Ich habe niemals Werbung gemacht. Ich habe nie jemanden gebeten, mein Material zu verteilen. Doch jetzt haben wir einen Kreis von Verteilern auf der ganzen Welt, auf allen sechs Kontinenten, ohne mein eigenes Zutun. Ich habe einfach nur dem Herrn meinen Mund zur Verfügung gestellt und gesagt: „Ich möchte dein Wort lehren und zwar das ganze", und er hat uns die Türen geöffnet. Wir haben absolut nichts dafür getan. Ich gebe Ihnen das einfach zu bedenken. Ich muss in den Augen des Herrn etwas richtig gemacht haben, dass er mich so gesegnet hat, doch ich datiere es zurück auf den Tag, an dem ich sagte: „Ich werde keine Babys mehr taufen." Von diesem Tag an hat der Herr begonnen, mich mehr zu gebrauchen als je zuvor. Ich versuche nicht, Ihnen etwas zu beweisen oder Sie zu überzeugen. Doch ich appelliere an Sie: Lassen Sie uns zur neutestamentlichen Taufe zurückkehren und sie ins Zentrum unserer Evangelisation stellen, wo sie nach Jesu Willen auch sein sollte. Das gibt einem Neubekehrten den bestmöglichen Start in sein Glaubensleben, gepaart mit der Bitte um die Taufe im Heiligen Geist direkt im Anschluss. Jeder Frischbekehrte braucht beide Taufen.

Das ist der dritte Hauptbereich, der meiner Ansicht nach in der Kirche reformiert werden muss, doch es wird enorme Überzeugungsarbeit und Mut erfordern, diesen Schritt umzusetzen. Und es wird uns viel kosten, weil wir uns einem Bollwerk angestammter Interessen gegenübersehen.

Der nächste Punkt, den ich erwähnen möchte, ist die Frage der Gemeindedisziplin. Luther bezeichnete sie als ein Kennzeichen der wahren Gemeinden. Allerdings gibt es in der heutigen Durchschnittsgemeinde keinerlei Disziplin. Ich sage es Ihnen, und Sie können damit anfangen, was Sie wollen. Die Gemeinden werden immer häufiger von Frauen geleitet, die Disziplin schwierig finden. Aus diesem Grund glaube ich, dass in der Familie dem Vater die Verantwortung für die Disziplin übertragen worden ist, nicht der Mutter. Ich glaube, dass es in der Gemeinde Männer braucht, um die Gemeindedisziplin durchzuführen.

Je weiblicher die Gemeinde ist, desto weniger diszipliniert scheint sie zu werden. So viele ordinierte Frauen drängen auf die Zulassung homosexueller Ehen und anderer Dinge. Das ist kein Zufall, weil Frauen mit dem Herzen reagieren. Wir als Männer können Verstand und Herz voneinander trennen und sind daher in der Lage, objektiver mit den Gefühlen anderer umzugehen. Doch das ist ein anderes Thema.

Ich möchte die nach meiner Überzeugung größte Disziplinfrage in der heutigen Kirche angehen; dabei handelt es sich nicht um Homosexualität. Ich glaube, dass wir ihr in den Sechzigerjahren den Weg bereitet haben, indem wir bei einem Thema Kompromisse gemacht haben: Scheidung und Wiederheirat. Ich glaube, die Kirche, die in diesem Bereich Kompromisse eingegangen ist, hat sich allen Problemen, denen wir uns jetzt, in dieser Krise gegenübersehen, geöffnet. Die Anglikanische Kirche befindet sich in einer großen Krise. Es ist nicht sicher, ob sie die Zerreißprobe bestehen kann, in der sich die afrikanischen Bischöfe auf der einen und die amerikanischen Bischöfe auf der anderen Seite unversöhnlich gegenüberstehen.

Um es auf den Punkt zu bringen: Ich glaube, die Bibel macht uns sehr deutlich, dass Wiederheirat nach einer Scheidung ausgeschlossen ist, und dass Christus dazu in seiner Lehre einen klaren Standpunkt bezogen hat. Diesen Standpunkt ignoriert die Kirche entweder weitläufig oder sie gehorcht ihm absichtlich nicht und passt sich der modernen Kultur an. Dies geschah in den 1960er Jahren. Ich war Mitglied einer Sonderkommission der Evangelischen Allianz in England unter der Leitung von John Stott, um die neue Gesetzgebung zu diskutieren, die vorbereitet wurde. Dabei ging es um die Frage, ob das Scheitern der Ehe als einziger Scheidungsgrund zulässig sein sollte, und ob unsere Staatsgewalt dieses Scheitern anerkennen würde und eine Ehe aus diesem Grund aufgelöst werden dürfte. Christen mussten Stellung beziehen, ob sie bei der Lehre Jesu blieben oder der neuen Gesetzgebung zustimmten. Ich glaube, dieses besondere Problem begann, die Disziplin der christlichen Kirche in England zu zerstören.

Die Reaktionen fielen unterschiedlich aus. Die Freikirchen

waren überwiegend bereit, die unschuldige Partei nach einer Scheidung erneut zu verheiraten. Die Anglikanische Kirche war zur Wiederverheiratung nicht bereit, doch sie hat Wiederverheiratete gesegnet. Ich meinerseits kann nicht verstehen, wie wir Gott darum bitten können, eine Wiederheirat zu segnen, während wir nicht bereit sind, die diesbezügliche Trauung vorzunehmen. Das kommt mir scheinheilig vor. Doch so sieht es aus. Es ist völlig unschlüssig. Die Römisch-Katholische Kirche hat die sog. Ehenichtigkeit stark ausgeweitet. Dabei findet sie einen Grund zu erklären, dass die betreffende Ehe von Anfang an nicht gültig war. Sie hat also ihre eigene Vorgehensweise entwickelt. Doch die Mehrheit der christlichen Kirchen in meinem Land hat flächendeckend die Wiederheirat nach einer Scheidung auf die eine oder andere Art abgesegnet.

Leitende christliche Evangelisten, Pastoren und Bibellehrer tauschen nun öffentlich ihre Ehefrauen aus und rechtfertigen es mit den Worten: „Meine neue Frau ist mir eine viel bessere Partnerin in meinem Dienst als die alte es war." Das ist ziemlich unglaublich. Ich könnte Ihnen mehrere Namen bekannter christlicher Evangelisten und Leiter in England nennen, die sich einfach von ihrer Frau haben scheiden lassen und eine andere geheiratet haben, normalerweise eine enge Mitarbeiterin oder eine Sekretärin. Ich spreche diese Situation öffentlich an und mache mich dadurch furchtbar unbeliebt, doch ich predige schlicht und einfach, was Christus gelehrt hat.

Wo wir schon beim Thema sind, gebe ich Ihnen ein paar Fakten aus Amerika weiter. Zuerst waren es die Liberalen, die anfingen, den Standard der Heiligkeit der Ehe herabzusetzen. Dann folgten ihnen die Evangelikalen. Mittlerweile ist es in Amerika so, dass der sog. Bible Belt (Bibelgürtel) im Süden der USA, in dem die Southern Baptists (die als bibelgläubig gelten) die größte Denomination darstellen,

GEISTLICHER DIENST

eine höhere Scheidungsrate hat – um 50 Prozent höher als im Rest Amerikas. Und dort wird die Bibel größtenteils respektiert. Doch nicht nur das: 80 Prozent aller Jugend- und Kinderkriminalität nimmt in zerrütteten Familien und Scheidungshaushalten ihren Anfang. Das gilt auch für mein Land. Wir haben jetzt die höchste Scheidungs- und Wiederheiratsrate in Europa – und zwar mitten unter den evangelikalen und bibelgläubigen Christen. Sie wechseln einfach ihre Partner.

Seit die Gemeinde die Heiligkeit der Ehe in den 1960er Jahren gewissermaßen dadurch herabgesetzt hat, dass sie die Idee unterstützte, die Ehe könnte aufgelöst und ersetzt werden, haben alle anderen Genderprobleme angefangen, in ihrem Schlepptau auf uns einzuströmen. Wir sehen uns jetzt der größten Genderfrage überhaupt gegenüber: Wird die Kirche Homosexuelle verheiraten? Ich schaltete den Fernseher ein, um auf BBC einen Gottesdienst in einer Kirche in Somerset anzuschauen. Dort *verheiratete* oder *segnete* ein Pfarrer zwei Männer im Namen Jesu. Mir wurde ehrlich gesagt übel. Dann gab es eine andere Kirche im selben Bezirk, deren Pfarrer im selben Gottesdienst die Ehe eines Paares *auflöste* und im Name Jesu erklärte: „Ihr seid jetzt frei und getrennt." Im selben Gottesdienst verheiratete er den Mann mit einer anderen Frau aus derselben Gemeinde (oder *segnete* sie) und *verheiratete* die Frau mit einer anderen Frau aus der Gemeinde – eine frühere Nonne (oder er *segnete* diese Verbindung). All das geschah im Namen Jesu in einer christlichen Kirche, leider ist es schon so weit gekommen. Wir werden unter großen Druck geraten: Ob wir uns vom Staat in eine vollständige Absage der Heiligkeit der Ehe drängen lassen.

Laut der Lehre Jesu löst nur der Tod eine Ehe auf. Das sollte meiner Ansicht nach auch unsere Haltung sein. Die Ausnahmen, die er zuließ, finden wir beide im

Matthäusevangelium und zwar aus dem besonderen Grund, dass Matthäus ein jüdisches Evangelium ist, das für Juden geschrieben wurde – für die ersten jüdischen Gläubigen. Die Ausnahme hat etwas mit der jüdischen Kultur zu tun. Das Wort, das er verwendete, war nicht *Ehebruch*, sondern *Unzucht*. Wenn das Wort *Unzucht (porneia)* im selben Kontext wie *Ehebruch (moicheia)* verwendet wird, so bezeichnen sie zwei eindeutig unterschiedliche Dinge. Jesus verwendet diese Begriffe auf diese Art, genau wie Paulus in vielen seiner Texte. Unzucht ist Sex vor der Ehe. Ehebruch ist Sex nach der Eheschließung mit jemand anderem als dem Ehepartner. Die einzige Ausnahme, die Jesus zuließ, war Unzucht und nicht Ehebruch. Doch selbst die Bibelübersetzung *New International Version* hat dieses Wort in *eheliche Untreue* verändert, was eine ungerechtfertigte Falschübersetzung darstellt. In der jüdischen Kultur ist eine Verlobung viel ernster zu nehmen als in unserer Kultur. Bei uns kann eine Verlobung aufgelöst werden. Doch in der jüdischen Kultur gilt die Verlobung genauso verbindlich wie das Eheversprechen. Entdeckt der Bräutigam daher, dass seine Braut bereits Sex hatte, bevor sie heiraten, ist er frei, sich von ihr scheiden zu lassen. Das Wort *Scheidung* steht hier im Kontext einer Verlobung, nicht im Zusammenhang mit einer Ehe.

Matthäus gibt uns ein klassisches Beispiel mit der Verbindung von Maria und Josef. Josef hatte die Ehe mit Maria noch nicht vollzogen, glaubte jedoch, sie hätte schon außerehelichen Sex gehabt. Daher beschloss er, sie zu entlassen. Das wäre die richtige Maßnahme gewesen. Er war ein gerechter und gottesfürchtiger Mann. Allerdings erzählte ihm ein Engel die ganze Wahrheit und sagte: „Fürchte dich nicht, sie dir zur Frau zu nehmen; sie war dir nicht untreu. Das Kind stammt vom Heiligen Geist." Dieses Beispiel, das im selben Evangelium wie die beiden Ausnahmen steht, zeigt Ihnen den Kontext. In einer jüdischen Kultur war ein Mann fast gezwungen, sich von einer zukünftigen Frau zu trennen, wenn man herausfand, dass sie außerehelichen Sex gehabt hatte.

In Matthäus 5 sagt Jesus schlicht und einfach, ein Mann, der sich seiner Frau entledige, zwinge sie zum Ehebruch und sei dafür verantwortlich, es sei denn, er lasse sich scheiden, weil sie vor der Ehe untreu war – durch außerehelichen Sex. Daher bin ich nach sorgfältiger Analyse der Worte Jesu überzeugt, dass er in seiner Lehre keine Ausnahmen machte. Im Markus- und im Lukasevangelium, die für nichtjüdische Menschen geschrieben wurden, werden keinerlei Ausnahmen erwähnt, weil es dort diese jüdische Kultur einer verbindlichen Verlobung nicht gab, die man durch Scheidung vor der Ehe wieder auflösen konnte und sollte.

Die Kirche hat beim Thema Scheidung und Wiederheirat nachgegeben, und sie finden jetzt sowohl unter Mitgliedern als auch unter geistlichen Leitern statt. Überall, wo ich hinkomme, stelle ich das fest. In Jesu Augen ist es für rechtmäßig erklärter Ehebruch. Sobald die Kirche die Heiligkeit der Ehe aufgab, strömten die andere Phänomene herein. Genauso gaben die Kirchen in den 1960er Jahren die Unantastbarkeit menschlichen Lebens auf, indem sie die Abschaffung der Todesstrafe unterstützten, die der Herr uns im Noachidischen Bund auferlegt hatte. Dieser Bund wurde mit der gesamten Menschheit geschlossen und von Gott gehalten, während wir das nicht getan haben – der Grundsatz, dass ein Mörder es verdient zu sterben und dass ihm sein Leben genommen werden muss. Als wir das in den 1960er Jahren aufgaben, sagte ich voraus: „Das ist das Ende der Unantastbarkeit des Lebens", daher ist Mord kein Sakrileg mehr, die Zerstörung von Gottes Ebenbild. Ich sagte damals: „Als Nächstes wird die Abtreibung kommen und danach die Euthanasie." Haben Sie den ersten Schritt unternommen, das menschliche Leben anzutasten, werden alle diese Dinge folgen. Jetzt kämpfen wir also gegen Abtreibung und gegen potenzielle Euthanasie.

In den 1960er Jahren wurden zwei heilige Grundsätze verwässert: die Unantastbarkeit menschlichen Lebens und die Heiligkeit der Ehe. Als Konsequenz haben wir mit den heutigen Problemen zu kämpfen und werden durch sie verkrüppelt. Ich möchte Ihnen einfach zeigen, dass es damals begann. Wir ernten jetzt, was wir gesät haben, und finden uns in derartigen Drucksituationen wieder. Die Kirche wird von den staatlichen Behörden verfolgt werden, wenn sie Homosexuelle nicht verheiratet. Das wird als Verrat bewertet, als der Staatsbürgerschaft unwürdiges Verhalten. Darum sage ich es Ihnen jetzt. Wir als christliche Leiter werden entscheiden müssen, ob wir bei diesen wichtigen Fragen Kompromisse machen oder nicht. Es wird uns viel kosten, den Geboten Jesu treu zu bleiben. Er hat gesagt: „Geht hin in alle Welt und macht zu Jüngern alle Völker, indem ihr sie tauft und sie lehrt, alles zu halten, was ich euch geboten habe." Zu diesen Geboten gehören seine klaren Aussagen zur Unantastbarkeit des menschlichen Lebens und zur Heiligkeit der Ehe, die in Gottes Augen niemals gebrochen werden darf.

Die Disziplin der Gemeinde leidet heute, weil wir damals in den 1960er Jahren Kompromisse eingegangen sind, ohne uns bewusst zu machen, was wir da taten. Wir haben uns für den Druck politischer und staatlicher Stellen verwundbar gezeigt, das tun zu müssen, was sie von uns verlangen.

Freunde von mir, ein Ehepaar aus Südwestengland, machten kürzlich Schlagzeilen in der nationalen Presse. Jede Zeitung in England druckte ihr Bild ab, weil sie 28 Pflegekinder bei sich aufnahmen, die kein Zuhause hatten. Jedes dieser Kinder behandelten sie wie ihr eigenes. Sie haben sie wirklich vor einem schlimmen Schicksal bewahrt, da sie aus so zerrütteten Familien stammten. Vor drei Monaten sagte man ihnen: „Ihr müsst unterschreiben, dass ihr zustimmt, dass Kinder von homosexuellen Paaren adoptiert werden, anderenfalls könnt ihr von uns keine Kinder mehr in Pflege nehmen." Sie erwiderten: „Wir können dieses Dokument nicht unterschreiben." Der Junge, den sie gerade wie ihr eigenes Kind aufzogen, wurde ihnen sofort weggenommen und in eine andere Pflegefamilie gegeben. Das sorgte in jeder englischen Zeitung für Schlagzeilen. Dieses liebenswerte christliche Ehepaar hatte sich geweigert, das Papier der Kommune zu unterzeichnen und wurde daher sofort als Pflegefamilie für Kinder, die ein Zuhause brauchten, ausgeschlossen. Natürlich sorgte das für einen Aufschrei der Empörung, doch ich fürchte, es zeigt an, in welche Richtung sich unsere Gesellschaft bewegt.

Ich habe die Staatskirche, den geistlichen Dienst, die Kirchenmitgliedschaft und damit zusammenhängend die Taufe sowie die Gemeindedisziplin erwähnt.

Schließlich stellte man mir folgende Frage: Würde ich wiederverheiratete Paare, die sich ihrer Lage bewusst geworden sind, auffordern, sich scheiden zu lassen? Ich glaube, dass jeder, der in Sünde lebt, Buße tun muss. *Buße tun* bedeutet, sich davon abzuwenden. Befinden sie sich in einer ehebrecherischen Beziehung jeglicher Art, bedeutet Buße, diese Beziehung zu verlassen. Ich ziehe vor mir bekannten Paaren meinen Hut, die sich getrennt haben, als ihnen bewusst wurde, dass sie in den Augen Gottes im Ehebruch lebten. Wir können sie nur zur Buße auffordern und sie warnen, dass der Preis für ihre Unbußfertigkeit ewiger Art sein könnte.

SONSTIGES

Die Tauffrage ist das heiße Eisen. Ich habe darüber zu einem Publikum von 8000 Menschen aus ganz Finnland gesprochen. Die Aufnahmen dieser Vorträge in Finnland wurden nicht veröffentlicht, weil die Organisatoren der Veranstaltung Lutheraner waren. Doch jemand hatte eine Aufnahme ergattert und verkaufte sie zu einem Wucherpreis auf dem Schwarzmarkt. Dann stellte jemand anderes sie ins Internet, woraufhin das Verbot der Weiterverbreitung aufgehoben wurde und die Aufnahmen wieder frei verkäuflich wurden. Die Lutheraner forderten mich heraus, mich einer öffentlichen Debatte zur Taufe mit Theologieprofessoren zu stellen – sie sollte im Fernsehen ausgestrahlt werden. Es war eine bemerkenswerte Situation; ich werde nicht ins Detail gehen. Doch es begann damit, dass man mir von 180 Minuten eine Minute Zeit geben wollte. Ich sagte: „Ich komme nicht." Sie sagten: „Vier Minuten." Ich sagte: „Keine Chance." Sie sagten: „Sechseinhalb." Ich antwortete: „Keine Chance. 15 Minuten mindestens." Sie erwiderten: „Zehn." Ich sagte: „15 Minuten." Sie erwiderten: „13." Ich übertreibe nicht; diese Art der Diskussion fand zwischen mir und dem Moderator der Debatte statt. Wie dem auch sei, ich wurde immer frustrierter. Offensichtlich würden sie mich einfach nicht sprechen lassen. Sie sagten mir sogar: „Ist Ihnen bewusst, dass Sie gegen gebildete Männer antreten werden?" Ich dachte: „Was für ein Kompliment!" Schließlich konnte ich aufatmen, weil Channel 7, ein bekannter Fernsehsender in Finnland, mir sagte: „Wir geben Ihnen eine Stunde und 20 Minuten Extra-Sendezeit, damit Sie Ihre Sicht unabhängig von der anderen Debatte darlegen können." So ging ich mit folgenden Gedanken in die öffentliche Debatte: „Ihr wisst es noch nicht, doch ich habe eine Stunde und 20 Minuten, um meinen Standpunkt im Fernsehen bekanntzumachen." Eine DVD wurde aus diesen beiden Programmen des finnischen Fernsehens erstellt, zu den Punkten, die ich in der Debatte vertrat. Ich erhielt also die Gelegenheit, meine Ausführungen in die Debatte einzubringen.

Die letzten beiden Themen, die ich behandeln möchte, sind erstens, das Gemeindeleben, und zweitens, Israel. Ich glaube, die Gemeinde des 21. Jahrhunderts muss sich mit Israel und dem jüdischen Volk beschäftigen. Auf meinen Vortragsreisen bin ich immer wieder erstaunt, wie sich die Verheißungen, die Gott Abraham gemacht hat, in einer Gemeinde nach der anderen erfüllen: „Wer deine Nachkommen segnet, wird gesegnet, wer sie verflucht, wird selbst verflucht." Natürlich besteht das jüdische Volk nicht allein aus den Menschen, die heute in Israel leben. Das sind weniger als die Hälfte der Juden weltweit. Leider hat uns Martin Luther bei diesem Thema ein furchtbares Erbe hinterlassen. Wo immer sich das Luthertum verbreitete, folgte ihm der Antisemitismus auf dem Fuße. Im Großen und Ganzen hat sich die Kirche eines furchtbaren Antisemitismus schuldig gemacht.

In unserer Gemeinde gab es eine jüdische Frau aus Wien. Immer, wenn sie als kleines Mädchen sonntags an einer Kirche vorbeiging, wurde sie von den Kirchgängern, die gerade herauskamen, getreten und angespuckt. „Du hast Jesus getötet", sagten sie ihr. Dieses kleine jüdische Mädchen antwortete: „Damit hatte ich nichts zu tun." Sie wurde darüber sehr bitter. Glücklicherweise konnte der Heilige

Geist sie heilen, sie wurde zu einer wunderbaren Christin und übte einen erstaunlichen Einfluss auf andere jüdische Menschen aus, indem sie ihnen half, ihre Bitterkeit gegen die christliche Kirche loszuwerden. Unsere antisemitische Bilanz als Christen ist furchtbar.

Wie Sie wahrscheinlich wissen, war Martin Luther zu Anfang den Juden gegenüber sehr positiv eingestellt. Jetzt, da er alle katholischen Praktiken abgeschafft hatte, die wie Götzendienst wirkten und die von den Juden an der Katholischen Kirche kritisiert worden waren, glaubte er wirklich, sie würden sein neutestamentliches Christentum mit offenen Armen empfangen. Er glaubte, es sei dem biblischen Judaismus viel näher. Schließlich war und ist Jesus Jude und wird es für immer bleiben. Daher versuchte er, die Juden in Deutschland zu evangelisieren, jedoch ohne Erfolg. Zuerst war er sehr enttäuscht, dann frustriert und schließlich sehr wütend und feindselig. Er wurde zum schlimmsten Antisemiten der protestantischen Geschichte.

Er schrieb ein Büchlein mit dem Titel „Von den Juden und ihren Lügen" und vertrat ein Programm in sieben Schritten, um Deutschland von den Juden zu befreien. Ich lese Ihnen die sieben Schritte vor: „Ihre Synagogen und Schulen müssen in Brand gesetzt werden, ihre Gebetbücher zerstört, Rabbiner zu predigen verboten, Häuser dem Erdboden gleichgemacht, und Eigentum und Geld beschlagnahmt. Ihnen sollte keine Gnade und Güte gezeigt werden, kein Rechtsschutz gewährt werden, und sie sollten zur Zwangsarbeit eingezogen oder für alle Zeiten ausgewiesen werden." Das war Luthers Programm. Seine letzte Predigt vor seinem Tod hielt er gegen die Juden. Darin forderte er Deutschland auf, sie loszuwerden. Gott sei Dank starb er zwei oder drei Tage später, bevor er das Thema weiter ausführen konnte.

Dieses Erbe hat er hinterlassen, das um einiges schlimmer ist als katholischer Antisemitismus. Ich weiß nicht, ob

Sie von der *Reichskristallnacht* gehört haben, als die Fensterscheiben jüdischer Geschäfte in Berlin eingeschlagen und die Synagogen niedergebrannt wurden. Das geschah am Geburtstag Martin Luthers, und Hitler selbst sagte: „Ich tue den Willen des Herrn", wobei er sich auf Luther berief. Es ist eine beschämende Episode der Kirchengeschichte, die den Weg für den Holocaust in Deutschland bereitete. Hitler berief sich auf Luther, um diese ethnische Säuberung zu rechtfertigen.

Ich werde nicht mehr dazu sagen, nur noch eines: Ich glaube, die Kirche muss für ihren jahrhundertealten Antisemitismus Buße tun. Ich werde regelmäßig dazu eingeladen, sowohl in Synagogen als auch in Kirchen zu sprechen. Dabei übe ich keine Zurückhaltung; ich spreche immer über Jeschua, Jesus Christus, HaMaschiach (den Messias). Das verberge ich nie. Sie wissen ganz genau, dass ich Christ bin, doch ich versuche, so über ihn zu sprechen, dass sie ihn nicht mit der Kirchengeschichte in Verbindung bringen.

Leider sind viele christlichen Kirchen über den Holocaust so entsetzt, dass sie dem anderen Extrem verfallen sind: Die kirchlichen Hauptströmungen in der westlichen Welt sagen jetzt: „Lasst uns aufhören zu versuchen, Juden zu konvertieren. Wir wollen sie nicht evangelisieren." Diese Doktrin wird nun offiziell als „Lehre vom doppelten Bund" bezeichnet: dass die Juden durch ihren eigenen Bund gerettet werden und Christen durch den neuen Bund, und wir nicht versuchen sollten, ihnen Jeschua HaMaschiach bekanntzumachen. Sie werden von Gott auf ihre Art gerettet und wir auf unsere Art. Das ist der neue Relativismus, der aus dem Schuldkomplex entstanden ist, den der Holocaust in so vielen christlichen Herzen hinterlassen hat. Allerdings gibt es auch Menschen, wie die Marienschwestern aus Darmstadt, die für Deutschland Buße getan und gleichzeitig daran festgehalten haben, dass das jüdische Volk einen Retter braucht – seinen Messias.

SONSTIGES

Ich bin jedes Jahr zum Laubhüttenfest nach Jerusalem gereist, doch in einem Jahr gab es Probleme. 7000 Christen aus 120 Ländern versammelten sich, es war die größte Anzahl, die es je gegeben hat. Bei einem dieser Events marschierten wir durch Jerusalem und versuchten, mit Israelis Kontakt aufzunehmen. Allerdings hatte in dem betreffenden Jahr das Oberrabbinat in Jerusalem allen israelischen Juden verboten, mit uns Christen in Kontakt zu treten. Das bedeutete, dass wir eine Abendveranstaltung absagen mussten, bei der wir jedes Jahr hunderte jüdische Gäste einladen. Normalerweise kommen sie sehr gerne zu uns, einschließlich des Premierministers. Dieses Mal schickte uns Ehud Olmert eine aufgezeichnete Videobotschaft. Doch wenn die Oberrabbiner Juden etwas verbieten, dann wissen Sie schon, was passiert. Sie sind immer noch ein halsstarriges Volk, und sie tun genau das Gegenteil. 8000 Israelis erschienen bei dem Marsch, um uns Christen zu begrüßen, das war die größte Anzahl, die wir jemals hatten. Allerdings wurde die Internationale Christliche Botschaft Jerusalem, die das Fest organisiert hatte, dafür kritisiert, zwei bestimmte Personen als Sprecher eingeladen zu haben: Jack Hayford und mich. Der Oberrabbiner hatte Aufzeichnungen meiner Vorträge und der von Jack Hayford (er hat das Lied *Majestät* geschrieben) in die Hände bekommen. Teile unserer Aussagen wurden zitiert, und uns wurde Folgendes vorgeworfen: Wir glaubten, dass Juden erst gerettet würden, wenn sie dem einen begegneten, den wir als Messias bekennen. Genau das glauben sowohl Jack als auch ich, dazu stehen wir. Wir verstecken es nicht. Doch uns wurde deutlich, dass wir Jahrhunderte der Angst vor Christen überwinden müssen, bevor wir jüdische Menschen wirklich erreichen können. Denn die Juden haben ein sehr gutes Gedächtnis, und die Kreuzzüge kommen ihnen vor, als seien sie erst gestern gewesen.

Ich glaube, die Kirche muss nicht nur für ihren Antisemitismus Buße tun, sondern auch eine Israel-Theologie entwickeln, die ihre und unsere Zukunft zusammenbringt. Kapitel 11 des Römerbriefs reicht völlig aus, um uns zu überzeugen, dass Gott mit dem jüdischen Volk nicht gebrochen hat, sondern eine Zukunft für sie geplant hat, eine Zukunft, die mit unserer zusammenhängt. Mir ist bei meinen Reisen aufgefallen, dass der Herr Gemeinden segnet, die Israel segnen; und gleichzeitig preisen immer noch die Gemeinden, die antisemitisch sind oder zumindest das jüdische Volk systematisch ignorieren, komischerweise den Gott Israels. Denn der Gott Israels ist unser Gott; er ist der Vater Jesu.

Diese Dimension des Gemeindelebens wird, meiner Meinung nach, blühende Gemeinden im 21. Jahrhundert kennzeichnen: eine Wiederentdeckung der Israel-Theologie. Eine detaillierte Darstellung der fünf Bündnisse der Bibel geht über den Rahmen dieses Buches weit hinaus, doch es ist wichtig zu begreifen, dass es sich um eine Bündnisfrage handelt. Wir unterstehen nicht dem Mosaischen Bund, während der Abrahamitische, der Davidische und der Noachidische Bund alle im Neuen Testament als noch gültig bestätigt werden. Abraham, Isaak und Jakob sind nicht tot. Sie leben immer noch und Gottes Bund mit ihnen besteht weiterhin. Das ist die Grundlage ihres Anspruchs auf das verheißene Land. Ich glaube, dass jeder, der an das Wort Gottes glaubt, akzeptieren muss, dass Gott die Juden zurück in ihr verheißenes Land gebracht hat.

Glauben Sie, dass Gott die Geschichte beherrscht und sowohl die Babylonier, als auch die Ägypter, die Assyrer und auch die Juden unter seiner Kontrolle hat? Dass er die Philister aus Kreta zur selben Zeit ins verheißene Land brachte wie die Juden? Amos sagt uns, dass Gott selbst der Souverän über die Geschichte ist. Wie Paulus es in seiner

Rede auf dem Areopag in Apostelgeschichte 17 erklärte: Gott entscheidet, wieviel Zeit und Raum jeder Nation der Erde zustehen. Glauben Sie das, dann ist es Fakt: Die Juden sind zurück in ihrem verheißenen Land.

Wenn Sie glauben, dass Gott die gesamte Geschichte bestimmt, dann sind Sie auch überzeugt, dass Gott sie zurückgebracht haben muss. Es ist einfach zu außergewöhnlich: Nach 2000 Jahren ohne eine gemeinsame Sprache, ohne Finanzen, ohne ihr Land, sind sie in eben dieses Land zurückgekehrt und blühen und gedeihen wie keine andere Nation. Diese Situation ist bemerkenswert, und doch sind sie, rein menschlich gesehen, von der Vernichtung bedroht. Krisen im Nahen Osten wirken sich auf die ganze Welt aus, und die Welt glaubt momentan, es könne weltweiten Frieden geben, wenn im Nahen Osten Frieden herrscht. Er ist zum Dreh- und Angelpunkt der Geschichte geworden.

Das ist ein weiteres großes Thema. Doch ich glaube, Christen sollten das Neue Testament über ihre Haltung zum jüdischen Volk bestimmen lassen, nicht das Alte. Als christliche Zionisten wird uns oft vorgeworfen, gemäß dem Alten Testament zu leben. Das tue ich nicht; ich orientiere mich am Neuen Testament. Allerdings gibt es genügend Passagen im Neuen Testament, um aus mir einen Zionisten und Unterstützer Israels zu machen. Ich gehöre zu Israels größten Kritikern, denn ich bin überzeugt, dass ein wahrer Freund nicht alles automatisch gutheißt. Ich habe Israel ernsthaft öffentlich dafür kritisiert, dass es eineinhalb Millionen seiner eigenen Kinder seit 1948 abgetrieben hat. Dieselbe Anzahl wurde von den Deutschen in den Gaskammern getötet – Kinder.

Ihr größtes Problem wird darin bestehen, dass es bis 2020 mehr arabische Muslime in Israel geben wird als Juden. Für sie ist es eine demographische Krise. Entweder werden viel mehr Juden als bisher nach Israel zurückkehren und die Zahlen steigen lassen müssen, oder die schon dort befindlichen Eltern müssen größere Familie haben als die Muslime und von Abtreibungen oder sogar von Geburtenkontrolle (wie schon geschehen) Abstand nehmen. Sie haben also große Probleme. Rein menschlich gesehen würden Sie nicht auf Israel setzen, wenn es um das Überleben im 21. Jahrhundert geht.

Doch ich glaube, Gott hat es bereits anders beschlossen. Daher müssen wir unsere Israel-Theologie erweitern und Folgendes verstehen: Der Gott, den wir täglich anbeten, ist der Gott Israels. Jesus war ein Jude, ist es immer noch und wird immer einer sein. Eines Tages wird ein Jude als König über diese Welt herrschen. All das ist ziemlich revolutionär. Doch es ist ein weiteres Kennzeichen der Gemeinde im 21. Jahrhundert, dass sie sich um das jüdische Volk kümmern sowie predigen und praktizieren wird, dass Gott eine gemeinsame Bestimmung für Juden und Christen hat: ein neuer Mensch in Christus in alle Ewigkeit, eine Herde unter einem Hirten.

Zu guter Letzt glaube ich, dass wir unsere Eschatologie (Lehre von der Endzeit) reformieren müssen: unsere Hoffnung für die Zukunft. Glaube, Liebe und Hoffnung sind die drei Dimensionen eines Lebens als Christ. Glaube bezieht sich hauptsächlich auf das vergangene Handeln Gottes. Liebe hat mit dem gegenwärtigen Wirken Gottes und seinem Volk zu tun. Doch Hoffnung richtet sich auf sein zukünftiges Tun. Wir leben in einer Welt, die immer weniger Hoffnung hat. Am Anfang des 20. Jahrhunderts führten alle das Wort „Fortschritt" im Mund. Jeder glaubte, das 20. Jahrhundert würde sich zum gesündesten, glücklichsten, reichsten und sichersten Jahrhundert von allen entwickeln. Der Untergang der Titanic ließ diese Blase zerplatzen. Das war seine Bedeutung. Er war die erste große Herausforderung für den menschlichen Optimismus im 20. Jahrhundert. Die Titanic war das größte bewegliche Objekt, das die Menschheit je gebaut hatte, die fortschrittlichste technische Entwicklung ihrer Zeit. Sie stellte die höchste Errungenschaft des wissenschaftlichen Humanismus dar. Und sie sank auf ihrer Jungfernfahrt. Das Schiff, von dem man gesagt hatte, dass selbst Gott es nicht versenken könnte, ging unter. Seit dem Bau der Titanic war der Optimismus Anfang des Jahrhunderts weit verbreitet. Dieser Optimismus hatte einen britischen Premierminister dazu gebracht, den Slogan: „Aufwärts, aufwärts, aufwärts und vorwärts, vorwärts, vorwärts" zu prägen, der ihn die Wahl gewinnen ließ.

Kurz nach dem Untergang der Titanic kam der Erste Weltkrieg mit seinen furchtbaren Schrecken in den blutigen, schlammigen Schützengräben Belgiens und Frankreichs. Das alles schien absolut unwirklich zu sein, und es tötete den Glauben tausender Männer, die vor dem Krieg Christen gewesen waren. Viele wurden physisch getötet, doch noch mehr erlitten einen geistlichen Tod und fragten: „Wie kann es einen liebenden Gott geben, der all dies geschehen lässt?" Denn einen barbarischeren Krieg hatte es noch nie gegeben. In der Folge verloren die Kirchen in England ihre Männer. Ab diesem Zeitpunkt wurden sie zu sogenannten „Rettungsboot-Gemeinden": Frauen und Kinder zuerst. Frauen leiteten und trugen die Gemeinden. Nach dem Ersten Weltkrieg kehrten die Männer nicht in die Kirchen zurück. Sie sagten: „Wir haben Dinge gesehen und getan, die wir einfach nicht mit dem Gott in Einklang bringen können, den uns die Kirche als real vorstellte." Es war eine große nationale Katastrophe.

Das Wort in aller Munde, als wir das 21. Jahrhundert begannen, war nicht „Fortschritt", sondern „Überleben". So lautet die Frage heute: „Wird die Menschheit dieses Jahrhundert überleben?" Wissenschaftler haben uns bereits das Datum genannt, an dem menschliches Leben auf der Erde unmöglich sein wird – im Jahr 2040. Diese Jahreszahl stammt vom *Massachusetts Institute of Technology* (eine der weltweit führenden Spitzenuniversitäten der USA). Ein Computer hat es errechnet, nachdem man ihn mit allen aktuellen Trends gefüttert hatte. Der Benzinverbrauch, die Frischwasserreserven und die Bevölkerungsexplosion: Alle diese Faktoren wurden berücksichtigt und herauskam, dass ab 2040 das menschliche Leben in weiten Teilen der Welt unmöglich sein wird. Sie werden das möglicherweise noch erleben, ich jedoch nicht. Das ist das neue Datum, welches uns die neue Wissenschaft der Zukunftsforschung angibt.

Meiner Ansicht nach gibt es selbst in christlichen Gemeinden mittlerweile eine Haltung, die an Verzweiflung oder Hoffnungslosigkeit grenzt. Ich überprüfe das und frage nach: „Ich bitte Sie, über Folgendes abzustimmen: Glauben Sie, dass dieses Jahrhundert besser wird als das 20. Jahrhundert, gleichbleibend oder schlechter?" Viele erwarten, dass es viel schlechter wird. Nach meinen Erfahrungswerten mit dieser Frage würde ein typisches Abstimmungsergebnis einer christlichen Gemeinde tatsächlich die schlechtere Variante unterstreichen. Allerdings wäre das Ergebnis genau gegenteilig ausgefallen, hätte ich diese Frage im Jahr 1900 stellen können. Das ist der Stimmungsumschwung. Die Menschen sind daher existenzieller gesinnt, sie leben für die Gegenwart, weil sie Angst vor der Zukunft haben.

Vor diesem Hintergrund haben wir die ernstzunehmende Verpflichtung, der Welt etwas über die christliche Hoffnung zu erzählen. *Hoffnung* ist in unserem Sprachgebrauch ein sehr missverständliches Wort. „Ich hoffe, das Wetter wird morgen so sein wie heute." „Ich hoffe, wir werden einen schönen Urlaub haben." „Ich hoffe, Sie können einige der Probleme lösen." Das bedeutet schlicht und einfach: „Ich würde mir wünschen, dass es passiert." Es ist keine

Überzeugung. Demgegenüber bedeutet das griechische Wort *elpis* im Neuen Testament die absolute Gewissheit, dass etwas Bestimmtes passieren wird. Diese Hoffnung haben wir, und nur wir, denn die einzigen Menschen, die wissen, wie die Welt enden wird, sind Christen – wir haben eine Bibel, die uns das mitteilt.

Vielleicht wissen Sie es: Die Bibel enthält *735 verschiedene* Voraussagen über die Zukunft. Einige von ihnen werden oft getroffen. Eine davon wird über 300 Mal wiederholt. Ich versuche nicht, Sie mit Statistiken zu blenden. Welch ein furchtbares Wort! (Einer meiner Vorfahren hat es geprägt.) Sie können mit Statistiken alles beweisen, das weiß ich, doch ich gebe Ihnen Zahlen. Von den 735 Zukunftsvorhersagen der Bibel sind 596 bereits eingetroffen und zwar zeitlich nach der Vorhersage und sehr detailliert. Das ergibt einen Prozentsatz von 81 Prozent – buchstabengetreu. Ich bin bereit, auch den Rest zu glauben. Ich brauche keinen starken Glauben, um darauf zu vertrauen, dass auch die übrigen eintreffen werden; die anderen 19 Prozent behandeln alle das Ende der Welt. Offensichtlich sind sie noch nicht eingetroffen, sonst wären wir nicht mehr hier. Das ist eine erstaunliche Bilanz. Abergläubische Versuche, die Zukunft zu bestimmen, beispielsweise aus dem Kaffeesatz, Tarotkarten etc. haben ausnahmslos eine Trefferquote von nicht mehr als fünf Prozent. Dennoch gibt es keine Boulevardzeitung, die ohne eine Astrologie-Sparte auskommt. Allerdings sind immer nur fünf Prozent richtig, oder, wie ich es nennen würde, *95 Prozent falsch*.

Die neue Wissenschaft der Zukunftsforschung, die mittlerweile ihre eigenen Professoren hat, lag bisher bei ihren Projektionen aktueller Trends in die Zukunft zu höchstens 25 Prozent richtig. Denn es gibt immer wieder unerwartete Ereignisse, welche die Zukunft verändern. Daher sage ich, dass sie zu 75 Prozent falsch liegt. Die Bibel war bisher nicht zu 81 Prozent akkurat, weil die verbleibenden 19 Prozent noch nicht passiert sein können. Bis heute ist sie zu 100 Prozent korrekt. Daher muss ich keine große Glaubensanstrengung unternehmen, um zu sagen, dass die übrigen 19 Prozent genauso eintreffen werden, wie sie prophezeit worden sind.

Ich möchte Ihnen einige dieser erstaunlichen Vorhersagen vorstellen. Die Prophetie über Tyrus, dass diese Stadt ins Meer geworfen würde, hat sich an keiner anderen Stadt bewahrheitet – außer an Tyrus selbst. Hesekiel prophezeite es, lange, bevor es geschah. Alexander der Große warf die gesamte Stadt ins Meer, um dadurch einen Damm auf die Insel zu bauen, auf die die Bewohner geflohen waren. Hesekiels Vorhersage erfüllte sich also buchstabengetreu – eine ganze Stadt, Bretter, Steine, Ziegel, alles wurde ins Meer geworfen. So etwas ist seither keiner anderen Stadt passiert, doch mit Tyrus geschah es, wie Hesekiel es vorausgesagt hatte.

Ich glaube, so sieht die aktuelle Stimmung in der Gemeinde aus: In dieser Atmosphäre der Zukunftsangst, ja fast schon Verzweiflung, in dieser zweifellos depressiven Stimmung herrscht der Existentialismus, aus dem Wunsch heraus, im Hier und Jetzt zu leben, im Heute. Es geht darum, aus dem Heute alles herauszuquetschen, bevor die Aktienmärkte zusammenbrechen, bevor die Wirtschaft zugrunde geht; lebe für heute; gib dein Geld jetzt aus. Beantrage jetzt einen größtmöglichen Kredit, um dir ein viel größeres Haus zu kaufen, als du es dir leisten kannst. Sie wissen, wohin das führt. Wir haben in England eine schwere Krise wegen der amerikanischen Immobilienschulden erlebt. Genug dazu.

Wir haben eine Botschaft der Hoffnung, eine Botschaft für die Zukunft. An diesem Punkt möchte ich betonen, dass wir eine biblische Philosophie der Geschichte benötigen. Vielleicht wussten Sie nicht einmal, dass es so etwas gibt, doch ich werde sie Ihnen erklären. Erneut hat Luther uns bei diesem Thema irregeführt, da er das Buch der Offenbarung ablehnte. Doch es steht in der Bibel und ist Teil des Wortes Gottes. Die Offenbarung ist das eine Buch im Neuen Testament, das sich mit der Zukunft beschäftigt, ein Buch, das viele Prediger und Gemeinden ignoriert haben oder daraus nur kurze Abschnitte zitieren. Wir müssen jedoch das Buch als Ganzes erfassen, denn es enthält eine umfassende Philosophie der Geschichte. Was meine ich mit diesem Begriff? Ich meine die Form künftiger Ereignisse – das Muster. Historiker versuchen seit Jahrhunderten zu erkennen, ob es in der Geschichte ein Muster gibt, das dem Kaleidoskop von Ereignissen einen Sinn gibt. Es gibt mindestens fünf Hauptphilosophien der Geschichte, die von den Massenmedien akzeptiert werden und mit denen man uns jeden Tag unterschwellig füttert. Wenn wir nicht aufpassen, machen wir uns eine weltliche Philosophie der Geschichte zu eigen und vergessen dabei die biblische. Aus diesem Grund fallen Menschen, die sich intensiv mit der Bibel befassen, nicht auf weltliche Philosophien herein.

Hier kommen die fünf. Die erste ist die kreisförmige Philosophie der Geschichte: Die Historie bewegt sich in Kreisläufen. Sie kehren immer wieder zu sich selbst zurück, und dasselbe geschieht immer und immer wieder. Das war das griechische Muster der Geschichte. Das Leben ist ein Kreisverkehr oder ein Karussell. Sie steigen so ziemlich dort wieder aus, wo Sie eingestiegen sind. Nichts geschieht. Sie haben keinen Fortschritt erzielt. Ein weitverbreitetes Sprichwort im Englischen besagt: „Die Geschichte wiederholt sich." Das ist die kreisförmige Sicht der Geschichte: immer im Kreis herum, doch man kommt nirgendwo an.

Die zweite Sicht wird die *zyklische* Sicht der Geschichte genannt. Sie besagt, dass sich die Geschichte vorwärtsbewegt, doch diese Vorwärtsbewegung geschieht im Auf und Ab.

Es gibt Triumphe und Tragödien, Auf- und Abschwünge, Inflation und Deflation; die Geschichte hat dieses Muster und wird es auch weiterhin, bis zu ihrem Ende, behalten. Ob es auf einem Auf oder Ab endet, weiß niemand so genau. Sie kehrt weder zu ihrem Anfang zurück, noch bewegt sie sich immer auf etwas Neues zu, sondern sie bewegt sich auf und ab. Ich vereinfache das Alles, damit Sie eine Zusammenfassung im Kopf haben.

Die dritte Sicht ist die *pessimistische* Sicht der Geschichte, wobei die Geschichte immer weiter abwärtsführt und immer schlimmer wird. Das ist heute eine sehr weitverbreitete Geschichtsphilosophie.

Dann haben wir noch den vierten Ansatz, eine *optimistische* Sicht der Geschichte, die vor einhundert Jahren eher typisch war, und sie besagt Folgendes: aufwärts, aufwärts, aufwärts und vorwärts, vorwärts, vorwärts. Sie entstand aus der Evolutionstheorie von Darwin, die Idee, dass es einen beständigen Fortschritt gibt, nach oben, zu höheren Dingen.

Im Gegensatz dazu hat die Bibel eine einzigartige Philosophie der Geschichte, die wir die *apokalyptische* Sicht nennen. Ihr hängen Kommunisten, Juden und Christen an. Sie alle beziehen sie aus derselben Quelle: den hebräischen Propheten. Wenn man sie zeichnen wollte, würde eine Linie immer weiter abfallen, um plötzlich nach oben zu schießen und dann auf einem höheren Niveau zu bleiben als je zuvor. So sieht also das Muster aus. Das ist die kommunistische Sicht der Geschichte. Karl Marx war Jude und erhielt sie von den jüdischen Propheten und aus seiner jüdischen Erziehung. Es ist die Geschichtsphilosophie aller Propheten des Alten Testaments, ebenso wie die Sicht der Geschichte im Neuen Testament.

Der einzige Unterschied zwischen den dreien besteht in der Frage, was diesen plötzlichen Aufschwung auf ein höheres Niveau als je zuvor auslöst. Für die Kommunisten ist es die Revolution, wenn das Bürgertum endlich vom Proletariat übernommen wird und wir eine neue Utopie erreichen, die klassenlos und frei von Verbrechen ist. Dieser Traum wurde mittlerweile zerschlagen. Russland hat sich sehr weit davon entfernt. Sie dachten, das Land würde die Utopie herbeiführen, doch das geschah nicht. Die Juden sagen, die Aufwärtsbewegung werde kommen, wenn Gott in die Geschichte hereinbricht und das Reich Gottes auf die Erde bringt. Die Christen sind nicht weit davon entfernt, doch sie gehen noch einen Schritt weiter und sagen: „Das wird geschehen, wenn der König kommt, wenn der Messias kommt, um Gottes Herrschaft auf der Erde aufzurichten." Das ist der Unterschied.

Wir haben also diese apokalyptische Sicht der Geschichte, die wir unseren Gemeindegliedern beibringen müssen, damit sie nicht überrascht oder schockiert sind, wenn sie eintrifft. Werden die Dinge immer schlimmer und schlimmer, dann wissen sie, dass es zum Muster dazugehört und sie sich auf einen plötzlichen Aufschwung freuen können, wenn der König zurückkehrt. Dann wird das Leben ein höheres Niveau erreichen als je zuvor. Diese Geschichtsphilosophie ist realistisch. Sie ist nicht pessimistisch, weil sie nicht glaubt, alles werde immer weitergehen und immer schlechter werden. Gleichzeitig ist sie nicht optimistisch, was die unmittelbare Zukunft betrifft. Christliche Hoffnung richtet sich auf die endgültige Zukunft, nicht auf die unmittelbare. Sie blickt auf das Ende.

Diese apokalyptische Geschichtsphilosophie wird meiner Erfahrung nach in den Gemeinden nicht gelehrt. Wir sind einerseits unter den Einfluss von Glaubensbekenntnissen geraten, insbesondere das Bekenntnis von Nicäa. Es war das Ergebnis des ersten Konzils, das Kaiser Konstantin im Westen der Türkei zusammenrief. Es besagt, dass Jesus zurückkommen werde, um die Lebenden und die Toten zu richten. Daher erweckt sein Kommen keine Hoffnung, keinen Optimismus in einer Gemeinde, die dieses Bekenntnis aufsagt. Laut meiner Bibel findet das Jüngste Gericht nicht statt, wenn Jesus auf die Erde zurückkehrt. Es wird tatsächlich erst stattfinden, wenn die Erde vergangen ist. Daher kommt er nicht zurück, um die Erde zu richten. Auch wenn das Glaubensbekenntnis das behauptet, die Bibel tut es nicht. Sie besagt, dass Himmel und Erde vergehen werden. Erst dann wird der große weiße Thron des Gerichts erscheinen.

Jeder Christ glaubt also, dass Jesus zurückkehrt, doch die eigentliche Frage lautet: wozu? Wir wissen, *wie* er zurückkommt: auf dieselbe Art, wie er fortgegangen ist, mit den Wolken. Wir wissen, *wohin* er zurückkehrt. Die Bibel ist in dieser Frage sehr klar. Er kommt zurück nach Jerusalem, an denselben Ort, den er verließ. Wir wissen nicht, wann er zurückkehrt, doch ich glaube, ich kann Ihnen den Monat verraten, wenn auch nicht das Jahr, weil Jesus immer gemäß dem jüdischen Kalender handelte.

Das eine der drei großen Feste, das er noch nicht erfüllt hat, ist das Laubhüttenfest. Die jüdische Messias-Erwartung richtet sich auf das Laubhüttenfest. Sowohl das Alte als auch das Neue Testament verdeutlichen uns genau das. Aus diesem Grund sagten seine Brüder (siehe Johannes 7) zu Jesus: „Du glaubst, du bist der Messias? Warum gehst du dann nicht hinauf zum Laubhüttenfest und zeigst es ihnen?" Er antwortete: „Meine Zeit ist noch nicht gekommen" und ging heimlich nach Jerusalem. Wenn Sie das Lukasevangelium sorgfältig lesen, werden Sie entdecken, dass Jesus nicht am 25. Dezember geboren wurde, sondern während des Laubhüttenfestes – Ende September/Anfang Oktober. Die Beweise dafür finden Sie bei Lukas. Es ist wunderbar, zur christlichen Feier des Laubhüttenfestes nach Jerusalem zu reisen, weil die Juden dieses Fest auch feiern und begeistert über das Kommen des Messias sprechen.

Wir nehmen als Christen an dieser Hoffnung teil und sagen ihnen einfach, dass er bereits einmal gekommen ist. Doch er wird zu diesem Fest zurückkehren. Ich glaube, das wird beim Laubhüttenfest geschehen, um dieses Fest zu erfüllen, genau wie er das Passah- und das Pfingstfest erfüllt hat. Das Laubhüttenfest ist das letzte Erntedankfest. Es passt alles wunderbar zusammen.

Jesus kommt also zurück auf die Erde. Warum? Er kehrt nicht nur selbst zurück, sondern er bringt auch alle, die im Himmel sind, mit. Das ist wirklich eine erstaunliche Tatsache. Ich habe bei vier Beerdigungen meiner nächsten Verwandten gepredigt. Eine davon war meine Tochter. Die nächste war meine Schwiegermutter, danach kamen mein Schwager und meine Schwester. Auf jeder dieser Beerdigungen habe ich gesagt: „Sie werden alle eines Tages auf die Erde zurückkehren." Die Trauergäste sahen mich an, als würde ich Reinkarnation lehren! Das ist seltsam. Es handelte sich doch um Christen. Man hatte sie noch nie über die Auferstehung des Körpers unterrichtet, die hier geschehen wird, nicht im Himmel. Dort oben brauchen wir keinen Körper, hier unten allerdings schon. Hier werden wir ihn bekommen, wenn Jesus zurückkehrt.

Sollte ich sterben, bevor Jesus zurückkehrt, habe ich einen großen Vorteil: Ich werde einen Platz in der ersten Reihe bei diesem großen Treffen bekommen, denn die Toten in Christus werden zuerst auferstehen. Daher erhalten sie die besten Plätze ganz vorne. Das größte und lauteste Christentreffen wird stattfinden, wenn wir dem Herrn begegnen. Kein Stadion der Welt ist dafür groß genug, daher muss es in der Luft geschehen. Ich sage Ihnen: Wenn Sie keine lauten Treffen mögen, kommen Sie lieber nicht. Erzengel werden sich die Seele aus dem Leib schreien, Trompeten werden blasen und ich werde „Halleluja" rufen!

Auf dem Grabstein meines Großvaters steht „David

Ledger Pawson", und darunter heißt es: „What a Meeting!"
[zu Deutsch: Was für eine Begegnung!]. Es ist kein
Bibelzitat, sondern stammt aus einem alten Kirchenlied der
Methodisten. Ich weiß, was es bedeutet. Er freut sich auf das
große und laute Treffen, wenn sich die Christen versammeln,
um den Herrn bei seiner Rückkehr zu begrüßen. Ich kann es
kaum erwarten. Lesen Sie mein Buch *When Jesus returns*
(Wenn Jesus wiederkommt). Wir haben eine so spannende
Zukunft, von der wir anderen weitererzählen sollten.

Ich glaube, Jesus kehrt zurück, um zu *regieren*, nicht um
zu richten – das kommt später. Ich glaube, die Bibel ist sehr
klar, dass er zurückkommt, um zu regieren, und wir werden
mit ihm herrschen. Ich bin ein sogenannter klassischer
Prä-Millenarist. Die Urgemeinde hatte nur eine Sicht der
Zukunft, bis zu den Anfangsjahren von Augustinus. Sie
besagte, dass er zurückkehrt, um über die Nationen der Welt
zu herrschen, und dass dann alle Prophetien, die wir als
Poesie und Mythen abzutun pflegen, sich erfüllen werden.

Die Prophetien über die Natur: Sie wird verwandelt;
der Wolf wird bei dem Lamm liegen; der Löwe wird Stroh
fressen wie das Rind, und die Kinder spielen mit Schlagen –
tun Sie das alles als Poesie ab? Ich glaube, Gott hat gemeint,
was er sagte: Es wird eine veränderte Natur geben, wenn
Jesus regiert. Die ganze Schöpfung liegt in Wehen, stöhnt
und wartet worauf? Auf die Erlösung unserer Körper. Sie
wird geschehen, wenn er zurückkehrt. Dann erhalten wir
unsere neuen Körper auf der Erde.

Ich liebe es, über die Auferstehung des Körpers zu
predigen. Ich hatte tatsächlich die Möglichkeit, darüber zu
einhundert betagten Pensionären zu sprechen, das war sehr
spannend. Welche Art von Körper werde ich haben? Es heißt,
er wird sein wie sein verherrlichter Leib. Wie alt werde ich
daher sein, wenn ich meinen neuen Körper bekomme? Die
Antwort lautet 33, und wenn Sie bereits über 70 oder 80 sind,

können Sie es kaum erwarten, wieder 33 zu sein!
Das ist die Wahrheit. Ich werde auf der Erde einen neuen Körper bekommen, von Jesus, in einem Moment, in einem Augenzwinkern. Das ist ein guter Punkt für den Kreationisten – ein brandneuer Körper! Glauben Sie das wirklich? Ich tue es, und dieser Gedanke begeistert mich. Insbesondere, wenn ich zu Menschen mit Behinderungen oder Verkrüppelungen spreche, erzähle ich das besonders gern, dass sie einen neuen Körper bekommen werden. Wir werden mit ihm regieren.

Das war der weit verbreitete Glaube der Urgemeinde, darüber gab es keine Debatten. Allerdings zeigte Augustinus in den späteren Jahren seines Dienstes eine Gegenreaktion und kehrte zu seinem früheren griechischen Gedankengut zurück. Es ist eine Tragödie. Er reagierte negativ auf das Physische. Das war teilweise auf seine häufigen Partnerwechsel und auf die Zeugung seines unehelichen Sohnes zurückzuführen, bevor er Christ wurde. Doch es entsprach auch der neo-platonischen Lehre, die er als Student kennengelernt hatte. Er reagierte allergisch auf den Gedanken einer körperlichen Rückkehr Jesu auf eine physische Erde, um über existierende Nationen zu herrschen. Seit diesen Tagen predigte die Kirche nie wieder über eine neue Erde. Es wurde durch das „in den Himmel kommen" ersetzt, was ein tragischer Verlust ist. Die griechische Phobie gegen alles Physische führte dazu.

Die Juden hatten dieses Problem einfach nicht. Ich erzähle sehr gern, dass ich im jüdischen Gebetbuch ein Gebet für den Toilettengang gefunden habe. Ist das nicht wunderbar? Für uns klingt das komisch, doch wenn ich es gegenüber einem jüdischen Publikum erwähne, schmunzelt niemand. Sie sagen: „Aber natürlich." Den Gott der Bibel interessiert genauso, was Sie auf der Toilette tun, wie Ihr Verhalten in der Gemeinde. Falls Sie das nicht verstehen, haben Sie den biblischen Gott noch nicht erfasst. Schließlich hat er die physische Welt erschaffen. Er ist auch an unseren Körpern interessiert, nicht nur an unseren Seelen. Da ich regelmäßig bei christlichen Familien übernachte, habe ich schon viele christliche Toiletten besucht. Dort findet man einen Stapel Andachtsbücher. An den Wänden hängen Bibelverse. Alles ist darauf angelegt, dass sich Ihre Gedanken himmlischen Dingen zuwenden, während Sie dort drinnen sind – völlig griechisch und überhaupt nicht hebräisch. In diesem Gebet heißt es: „Herr, ich preise dich, dass mein Körper funktioniert", und ich habe ein Alter erreicht, in dem es zu einem echten Dankgebet wird, da Ihre Blase und Ihre Eingeweide nicht immer das tun, was sie sollten. Dann preisen Sie den Herrn, dass Sie sich nun besser fühlen und erleben einen guten Halleluja-Moment, bevor Sie wieder herauskommen.

Dem griechisch-westlichen Denken erscheint ein solches Gottesbild lächerlich. Doch Gott liegt es daran, sowohl meinen Körper als auch meine Seele zu retten, da er beide geschaffen hat. Eines Tages wird er mir einen neuen Körper geben, um damit schließlich in einer neuen Welt zu leben – auf einer neuen Erde. Sollten Sie predigen, wann haben Sie das letzte Mal über die neue Erde gesprochen? Oder reden Sie nur davon, dass Menschen in den Himmel kommen? Ich frage die Menschen: „Wollt ihr auf der neuen Erde leben?" Ich predigte einmal in Australien, nur ein paar Meilen vom Strand Bondi Beach entfernt. Ich sagte: „Auf der neuen Erde wird es weder Sonne noch Meer noch Sex geben." Niemand sagte: „Halleluja." Es herrschte tödliches Schweigen, und alle sahen aus, als wollten Sie aus der Gemeinde rennen, hinunter nach Bondi Beach, wo alle drei zu haben waren. Ich sagte: „Diese neue Erde wird ein so wunderschöner Ort sein, dass Sie keines dieser drei Dinge vermissen werden."

Predigen Sie über die neue Erde? Denn sie wird unser

neues Zuhause sein, und Gott wird dort wohnen. Die größte Überraschung kommt auf der letzten Seite der Bibel, wo Gott sagt: „Ich werde mit euch auf der neuen Erde wohnen", und Gott kommt herunter, wenn das Neue Jerusalem aus dem Himmel herabkommt. Erstaunt sagt der Engel: „Siehe, die Wohnung Gottes bei den Menschen, und sie werden sein Volk sein, und er wird ihr Gott sein." Wir haben eine Hoffnung für die Zukunft, die unübertrefflich ist. Warum verbreiten wir sie nicht überall und sagen: „Sie können diese Hoffnung teilen, doch Sie müssen sich auf die neue Erde vorbereiten, Sie werden einen neuen Körper brauchen, und all das können Sie in Christus bekommen." Was für eine Hoffnung haben wir. Ich liebe es, über endzeitliche Zukunftsthemen zu predigen. In einer hoffnungslosen und verzweifelten Welt ist das eine zutiefst gute Botschaft.

Mein letzter Punkt lautet also: Lassen Sie uns in die Zukunft zurückkehren, zurück zur christlichen Hoffnung. Nicht nur die Hoffnung, dass eine Einzelperson es in den Himmel schafft, sondern die Hoffnung für die Welt, die Hoffnung, die Frieden bringen wird. Ich habe einmal das Hauptquartier der Vereinten Nationen in New York besucht, als ich zwischen zwei Flügen rund sechs Stunden Zeit hatte. Ich nahm mir ein gelbes Taxi zum UN-Gebäude. Es gab zwei Dinge, die ich dort anschauen wollte.

Die erste Sehenswürdigkeit befindet sich vor dem Eingang, auf dem Rasen. Es gibt einen großen Granitblock, auf dem ein halber Bibelvers eingraviert ist – ein klassisches Beispiel dafür, Verse aus ihrem Kontext zu reißen. Er lautet: „Da werden sie ihre Schwerter zu Pflugscharen machen und ihre Spieße zu Sicheln. Denn es wird kein Volk wider das andere das Schwert erheben, und sie werden hinfort nicht mehr lernen, Krieg zu führen." Doch das ist nur ein Teil der biblischen Aussage. Der erste Teil besagt: „Denn von Zion wird Weisung ausgehen und des HERRN Wort von Jerusalem. Und er wird richten unter den Nationen und zurechtweisen viele Völker." Multilaterale Abrüstung kann nur kommen, wenn Jesus zurückgekehrt ist und in Zion regiert. Daher haben Sie das Hauptquartier der Vereinten Nationen am falschen Ort gebaut.

Ich wurde in einer kleinen Besuchergruppe von einer jungen Dame in blauer Uniform herumgeführt. Sie sagte: „Das ist der Sicherheitsrat"; „Hier tagt die Generalversammlung"; „Das sind die Räume der Ausschüsse", und sie führte uns überall herum. Nach zwei Stunden sagte sie schließlich: „Meine Damen und Herren, hiermit endet unsere Tour. Ich wünsche Ihnen noch einen schönen Tag."

Ich sagte: „Aber Sie haben uns einen Raum nicht gezeigt."

„Welchen Raum?", fragte sie, und ich beschrieb ihn ihr.

„Dieser Raum ist zugeschlossen. Sie können dort nicht hinein; er ist nicht für die Öffentlichkeit bestimmt."

„Aber das ist der Raum, den ich unbedingt sehen will. Ich möchte einen Blick hineinwerfen. Ich habe davon gehört und ich kann nicht glauben, was man mir erzählt hat, daher möchte ich es selbst sehen."

„Nein", erklärte sie. „Es tut mir leid. Sie können da nicht rein."

Ich sagte: „Ich bin einen furchtbar weiten Weg gekommen, um ihn zu sehen." Sie gab immer noch nicht nach. Also setzte ich auf meine letzte Karte und sagte: „Ich bin den ganzen Weg aus dem kleinen alten England gekommen, um ihn zu sehen." Das beeindruckt die Amerikaner wirklich. Sie erreichen tatsächlich ihr Herz, wenn Sie sagen: „Ich komme aus dem kleinen alten England."

Sie sagte: *„Ich* kann Sie dort nicht hineinlassen, aber Sie können ins Foyer gehen und einen der Wachmänner fragen, ob er Sie reinlässt."

Ich dachte bei mir: „Wir gewinnen gerade." Ich ging zum Wachmann und bat ihn: „Können Sie mir bitte diesen

Raum zeigen?"

Er sagte: „Nein, er ist nicht für die Öffentlichkeit bestimmt und abgeschlossen."

Ich fuhr fort: „Aber ich würde ihn gerne sehen."

„Es tut mir leid, aber das geht nicht."

„Ich bin einen weiten Weg gekommen."

„Und?"

„Ich bin den ganzen langen Weg aus dem kleinen alten England gekommen."

Da fragte er: „Wie lange wollen Sie drin sein?"

„Zwei Minuten."

„Ach, wenn es nur zwei Minuten sind..." Er holte einen Schlüssel, ging durchs Foyer, öffnete die Tür und ließ mich hinein.

Dort sah ich den Gott der Vereinten Nationen, zu dem sie für den Weltfrieden beten. Es ist ein dunkler Raum, nicht besonders groß. Keine Fenster. Es gibt ein wenig Licht, an den Ecken der Decke, daher ist es sehr dämmerig und dunkel. Gebetsteppiche und Hocker, auf denen man zum Gebet knien oder sitzen kann, sind kreisförmig angeordnet, und in der Mitte befindet sich der Gott: ein großer schwarzer Block aus Gusseisen, so groß wie ein Sarg, auf einem Podest. Sie knien nieder und beten zu diesem großen schwarzen Block für den Weltfrieden. Man hatte es mir erzählt, doch ich konnte es nicht glauben. Doch jetzt sah ich es mit meinen eigenen Augen.

Folgendes war geschehen: Als das UN-Hauptquartier gebaut wurde, sagte Dag Hammarskjöld aus Schweden: „Wir haben keinen Gebetsraum, wir sollten einen Raum zur Meditation haben." Daher bauten sie diesen Extra-Raum zwischen zwei Flügeln ein. Aus diesem Grund hat er keine Fenster. Dann gab es eine riesige Debatte darüber, was in diesen Raum hineingestellt werden sollte. Die Amerikaner wollten ein Kreuz, doch das kam nicht in Frage. Die Hindus wollten Blumen, auch das ging nicht. Die Muslime wollten noch etwas anderes. Schließlich wandten sie sich an einen berühmten Bildhauer und baten ihn: „Bitte machen Sie eine Skulptur, die alle Götter der Welt repräsentiert, in der jede Person ihren eigenen Gott sehen kann." So erschuf der Bildhauer diesen großen Block und malte ihn mattschwarz an, damit es keine Spiegelung gab. Sie knien nieder, schauen in diese Schwärze und sehen ihren Gott, dann beten sie. Dieser große schwarze Block soll alle Götter repräsentieren. Daher ist er formlos. Er ist schwarz. Er ist nichts, und Sie schauen auf nichts, wenn Sie zu ihm beten. Ich sagte: „Jetzt habe ich ihn gesehen:"

Ich hätte heulen können. Es ist verrückt zu glauben, dass Gebete zu einem großen schwarzen Block in New York den Weltfrieden bringen und alle veranlassen werden, ihre Schwerter zu Pflugscharen und ihre Lanzen zu Sicheln zu schmieden. Meine Hoffnung ist jedoch, dass sich eines Tages dieser halbe Vers erfüllen wird, wenn die andere Hälfte geschehen ist, wenn Christus zurückkommt und über die Nationen regiert. Wenn ich in Australien bin, sage ich: „Ihr werdet nie zu einer Republik werden. Ihr habt bereits einen König, und er ist Jude." Norwegen hat einen jüdischen König: Jesus. Eines Tages wird er zurückkehren, um über die Nationen zu regieren, und er wird die Streitigkeiten zwischen den Nationen in absoluter Gerechtigkeit schlichten. Wenn totale Gerechtigkeit herrscht, kann es vollkommenen Frieden geben, denn der Mangel an Frieden ist immer auf Ungerechtigkeit zurückzuführen. Das ist meine Hoffnung für die Zukunft: Jesus kommt zurück.

Ich sage es Ihnen ganz offen: In England gibt es mehr Christen, die auf Erweckung hoffen als auf die Wiederkunft Christi. Das betrübt mich. Das Zentrum unserer Zukunftshoffnung ist der zweite Besuch Jesu auf dem Planeten Erde. „Maranatha" ist seit dem ersten Jahrhundert der Schrei der Gemeinde, in der Sprache, in der dieses Gebet zuerst gesprochen wurde. Er bedeutet: „Komm, Herr Jesus." Ich habe versucht, ein Bild der Gemeinde im 21. Jahrhundert zu skizzieren, nach der Gott Ausschau hält. Meine große Frage lautet: Wird er sie bekommen? Woher wird Reformation kommen? Von oben oder von unten? Manchmal ist sie von oben gekommen. Johannes XIII., dieser erstaunliche alte Mann, den sie eigentlich nur als Übergangspapst eingesetzt hatten, bis der nächste soweit war, betete jeden Tag für zwei Dinge. Er betete für ein neues Pfingsten und er betete für Israel. Nur sehr wenige Menschen wissen das, doch ich habe es von seinem Seelsorger erfahren. Das waren seine beiden großen Anliegen, dass es ein neues Pfingsten, eine neue Ausgießung des Geistes auf die Katholische Kirche geben würde – und er betete für Israel, dass die Kirche und Israel versöhnt würden. Das zweite Vatikanische Konzil, das so viel veränderte, kam von oben, für die meisten sehr unerwartet. Doch selbst wenn Reformation manchmal von oben geschieht, muss ich sagen, dass sie normalerweise von unten kommt, wenn unbekannte Normalbürger für die Wahrheit aufstehen und bereit sind, jeden Preis dafür zu bezahlen.

Luther kam von unten. Er war nur ein einfacher Mönch und nicht sehr bekannt, außer für seine fürchterlich introvertierten Selbstbetrachtungen und Selbstgeißelungen. Wer hätte diesen Mann schon beachtet? Gott jedoch nahm diesen niemand und machte eine Persönlichkeit aus ihm. Ich glaube, diese Reformation, nach der ich mich sehne, die ich Ihnen vorgestellt habe, wird von unten kommen, von den einfachen Leuten in den Kirchenbänken. Ich stelle fest, dass einige ihren eigenen Leitern weit voraus sind, in ihrem Verständnis, welchen Weg die Gemeinde einschlagen sollte.

Ich halte also nach einem Jan Hus, einem Martin Luther, einem John Brown Ausschau, einem niemand, der anfängt, fest und sicher auf Gottes Wort zu stehen, und sagt: „Hier stehe ich. Mein Gewissen ist gefangen in Gottes Wort. Ich kann nicht anders." Einfache Christen, die sagen: „Wir werden uns einfach nicht von der Tradition und den Politikern gefangen nehmen lassen; wir werden uns an den Herrn Jesus Christus und sein Wort binden, und durch die Kraft des Heiligen Geistes einen Unterschied machen." Je mehr das tun werden, desto besser.

Ich glaube, die Reformation wird von unten kommen. Aus welcher Richtung ist der Widerstand gegen eine solche Reformation zu erwarten? Von innerhalb der Kirche oder von außerhalb? Ein gewisses Maß wird von außen kommen, durch Politiker, insbesondere aus dem linken Spektrum, die immer liberaler und antichristlicher werden. Doch ich bin überzeugt, dass der Hauptwiderstand gegen Reformation immer aus dem Inneren der Kirche aufsteht. Das ist schmerzhaft. Er kommt von den offiziellen Kirchenvertretern, die für den Status Quo eintreten und nicht wollen, dass man Staub aufwirbelt. Ich glaube, es wird fürchterlichen Widerstand von kirchlichen Behörden gegen jede Reformation der Kirche geben. Das ist schmerzhaft.

Sie haben sicherlich Verständnis, wenn ich sagen, dass die beiden schmerzhaftesten Dinge, die ich in meinem Dienst erlebe, folgende sind: Erstens, Kirchenführer, die blind und taub zu sein scheinen, die nicht einmal im Islam eine Bedrohung sehen und die selbst mit schwindenden Mitgliederzahlen glücklich und zufrieden sind; und zweitens – und das ist der größte Schmerz, den ich erlebt habe, ich will hier ganz offen sein –: Christen und Gemeindeleiter, die mit mir übereinstimmen, mich jedoch nicht öffentlich unterstützen wollen. Ich bin so vielen von ihnen begegnet. Sie sagen mir: „Oh David, danke. Gott sei Dank für deine Aussagen." Ich antworte dann: „Würdet ihr das bitte mit mir gemeinsam sagen? Ich könnte von Zeit zu Zeit jemanden gebrauchen, der mit mir auf der Bühne steht." Menschen haben mir wortwörtlich erwidert: „Das kann ich so gut brauchen wie ein Loch im Kopf."

Es ist wirklich tragisch, dass es Christen gibt, die wissen, dass sie die Wahrheit hören, und ihr heimlich zustimmen, es jedoch nicht wagen, damit an die Öffentlichkeit zu gehen. Wenn doch nur alle, die mit dieser Reformation übereinstimmen, auch etwas tun würden... Das ist die Tragödie. Ich glaube, wir könnten die Reformation umsetzen, wenn alle, die wirklich an die Wahrheit glauben, öffentlich und fest dazu stehen würden, selbst wenn es sie ihren Job und ihr Haus kostet.

Ich habe Ihnen gesagt, dass wir diesen Preis bezahlen mussten, doch wir haben es nie bereut, und der Herr hat seitdem sein Versprechen gehalten, sich um uns zu kümmern. Eine Woche nach dem Verlust unseres Hauses wurde uns ein brandneues präsentiert, in dem noch nie jemand gewohnt hatte, und ich hatte wieder eine eigene Gemeinde. Der Herr ist gut. Doch er musste mich an den Punkt bringen, an dem ich nichts anderes sagen konnte als: „Ich bin bereit, alles zu riskieren, statt mein Gewissen zu verleugnen." Ich glaube, er ruft uns alle dazu auf, das zu tun. Doch es kostet uns etwas, und Menschenfurcht kann ein realer Faktor sein, der uns zurückhält. Doch ich glaube, wenn Sie Gott fürchten, werden Sie niemals wieder jemanden oder etwas anderes fürchten.

www.ingramcontent.com/pod-product-compliance
Lightning Source LLC
Chambersburg PA
CBHW071525080526
44588CB00011B/1560